MUITO ALÉM
DO QUE *sonhei*

MUITO ALÉM DO QUE *sonhei*

ISADORA RIBEIRO

Diretor-presidente:
Jorge Yunes

Gerente editorial:
Luiza Del Monaco

Editora:
Gabriela Ghetti

Assistente editorial:
Júlia Tourinho

Suporte editorial:
Juliana Bojczuk

Estagiária editorial:
Emily Macedo

Coordenadora de arte:
Juliana Ida

Assistentes de arte:
Daniel Mascellani, Vitor Castrillo

Gerente de marketing:
Cláudia Sá

Analistas de marketing:
Flávio Lima, Heila Lima

Estagiária de marketing:
Carolina Falvo

© Isadora Ribeiro, 2022
© Companhia Editora Nacional, 2022

Todos os direitos reservados. Nenhuma parte desta obra pode ser reproduzida ou transmitida por qualquer forma ou meio eletrônico, inclusive fotocópia, gravação ou sistema de armazenagem e recuperação de informação sem o prévio e expresso consentimento da editora.

1ª edição – São Paulo

Diagramação e projeto de capa:
Valquíria Palma

Preparação de texto:
Laila Guilherme

Revisão:
Carolina Candido

Ilustrações:
Pamela Kirsner

DADOS INTERNACIONAIS DE CATALOGAÇÃO NA PUBLICAÇÃO (CIP) DE ACORDO COM ISBD

R484m   Ribeiro, Isadora
         Muito além do que sonhei / Isadora Ribeiro. - São Paulo, SP : Editora Nacional, 2022.
         240 p. ; 14cm x 21cm.

         ISBN: 978-65-5881-113-8

         1. Literatura brasileira. 2. Crônicas. I. Título.

                                               CDD 869.89928
2022-692   CDU 821.134.3(81)-94

Elaborado por Vagner Rodolfo da Silva - CRB-8/9410
Índice para catálogo sistemático:
1. Literatura brasileira : Crônicas 869.89928
2. Literatura brasileira : Crônicas 821.134.3(81)-94

NACIONAL

Rua Gomes de Carvalho, 1306 – 11º andar – Vila Olímpia
São Paulo – SP – 04547-005 – Brasil – Tel.: (11) 2799-7799
editoranacional.com.br – atendimento@grupoibep.com.br

sumário

9

UM BEBÊ RECÉM-NASCIDO, PANDEMIA E UMA MÃE EM CONSTRUÇÃO

10

INTRODUÇÃO

13

MUITO ALÉM DO QUE TER FILHO: SER MÃE
(o que veio antes de você)

41

PERTO DO QUE SINTO, EU TE AMO É APELIDO
(cartas para Levi)

65

MUITO ALÉM DO QUE PLANEJEI
(sobre nascer quantas vezes for preciso)

101

QUEM CUIDA DA MÃE
(enquanto te conheço, me reconheço)

145

MUITO ALÉM DE TODA LUZ E DE TODA SOMBRA
(entre risos e lágrimas, me expando)

191

NUNCA MAIS SEREMOS OS MESMOS
(uma adulta que precisa se lembrar de brincar)

211

MATERNAR É IR ALÉM
(ou o que eu escolho ser agora)

Para Levi

Essas histórias são partes inteiras de mim.
Partes caladas, mudas, silenciadas, eufóricas,
profundas, incertas e realizadas.

———

Para Fábio

Meu amigo, meu amor e pai do Levi.
Sou apaixonada por diariamente viver o sonho
de construir uma família junto contigo.

UM BEBÊ RECÉM-NASCIDO, PANDEMIA E UMA MÃE EM CONSTRUÇÃO

Tudo começou muito antes de 2020.

Não poderia abrir mão de todos os dias, meses e anos que antecederam à sua chegada. Tudo fez parte, filho. Hoje eu consigo ver.

Tudo precisou fazer parte para que eu pudesse te encontrar, te receber e te conhecer. Me conhecer.

Essas histórias são partes inteiras de mim. Partes caladas, mudas, silenciadas, eufóricas, profundas e incertas.

Ainda sou a mesma mulher que sonha alto, tão alto que continua escrevendo este livro sem saber muito bem se um dia ele ganhará vida em papel. E é essa mulher que eu quero que você conheça: a que não se importa com o rumo das coisas, contanto que elas carreguem significado. Se tem significado, filho, vale a pena continuar. Não importa o fim. O significado nos faz eternos.

Eu te desejo uma vida cheia de significados. Será uma vida linda, com momentos felizes e difíceis. E eu desejo coragem para continuar te guiando a lidar com o que você sente. Desejo que desfrute de tudo. A vida está aí para isso. Viva, meu filho.

E viva você! Que me faz mãe — e tantas outras coisas mais — a cada dia.

Perto do que sinto, eu te amo é apelido. É muito além do que um dia eu sonhei.

Obrigada por ser meu filho.

INTRODUÇÃO

Parece quase impossível de começar. Há ao menos duas semanas adio o início deste parágrafo. Não por falta de vontade ou de tempo, mas por quase não saber onde realmente tudo começou.

Escrevo este texto enquanto meu filho dorme. Você, mãe, pai, cuidador, vai me entender. *A vida funciona entre sonecas* — e essa bênção vai até uma certa idade. Mas a vida funciona de outra forma para sempre. E tem dias em que parece que nada funciona. Pode ser que, caso você não tenha filhos, ache que contém certa dose de exagero nessa frase. E tudo bem, eu também já pensei o mesmo.

Nunca duvidei da potência — escrevi uma bela palavra, para não dizer um extenso palavrão — que é ter filhos. Mas a beleza da maternidade é esta: a gente não tem um filho, a gente cria um ser humano que vai, literalmente, criar o amanhã.

(pausa)

Escrevo enquanto Fábio, meu marido, acalma nosso filho para a próxima soneca. Nosso filho que nasceu prematuro, no dia 9 de março de 2020, uma semana antes do lockdown da pandemia do coronavírus. Eu sempre sonhei em ter um filho, mas estas condições realmente fizeram contraste àquilo que sonhava.

Nesses dias todos, me perguntei infinitas vezes sobre o que exatamente eu gostaria de dizer sobre a maternidade. É tudo tanto e tão pouco. Tão nada, tão tudo. Tão inteiro, tão sobras. Tão luz, tantas sombras. Escrever sobre maternidade é um convite para inventar um novo vocabulário. O que temos nunca será suficiente. O que vivemos parece não ter fim e escorre em um piscar de olhos. O que sentimos queima o peito e nos faz ser cinzas. Tudo isso foi muito além do que sonhei.

Sento-me para escrever e sou inundada por essa sensação completamente dual. A de escrever sorrindo e a de escrever chorando. Por vezes rindo das sofrências, outras vezes chorando de tanto rir de mim mesma. A maternidade me ensinou que sou coisa séria, mas que não preciso me levar o tempo todo assim. Ser mãe me mostrou que sou muitas.

Aqui, neste livro, você vai encontrar uma conversa escancarada de tudo isso. Relatos e cartas sobre esse amor e sobre esse tornado que leva tudo de nós. Neste livro não constam dicas de como fazer o seu filho dormir a noite toda. Aqui, os seus sentimentos também importam. O seu choro é válido e sua história, aplaudida. Aqui é uma roda de conversa livre de cartilhas e julgamentos.

Aqui disponho o que eu mais senti falta: uma mesa de café com minhas amigas por algumas horas contando o que eu sentia enquanto me redescobria.

Tudo, tudo mesmo, é muito além do que vou contar. Chegarei o mais próximo possível.

MUITO ALÉM DO QUE TER FILHO:

ser mãe

(o que veio antes de você)

SEMPRE QUIS TER FILHOS?

>>> *"Você sempre quis ser mãe?" a pergunta que a grande maioria das mulheres (mesmo que em pleno ano de 2021) escutam em algum momento da vida.*

As mulheres que mais admiro na minha vida são mães. São boas mães, mães incríveis. São mulheres que, quando olho para o alto, sei que o céu é pouco para a capacidade de voo que elas sustentam dentro de si. São mulheres que aprenderam a planar, independentemente da condição. Mulheres que fizeram o seu céu.

Dona Conceição é uma delas. Ela sempre tinha uma canção na ponta da língua. Curava todos os males cantando, celebrava a vida cantando. Lembro dos dias chuvosos, em que ela rodopiava para lá e para cá, batendo a massa do bolinho de chuva com as mãos enquanto o seu radinho de pilha, que ficava sempre no canto da cozinha, tocava alguma música. Ela nunca negava nenhuma canção, e ao observá-la perguntava-me como a rádio sempre sabia a música que ela queria cantar. Cantava todas e, se não soubesse a letra, inventava alguma por cima. Não estava nem aí. Na verdade, Conceição deve ter aprendido, depois de cinco filhos, que quando a vida não toca a música que a gente quer ou sabe de cor, a gente improvisa para continuar vivendo com uma dose de diversão. Com apenas um filho eu já consigo pensar isso. Imagino naquela época... Talvez ela morasse em um lugar afastado, em condições precárias, com chão de terra e não fizesse ideia do que era a fase ativa e a fase expulsiva do parto. Não sabia o que era uma analgesia, *golden hour*, apojadura, puerpério, cama compartilhada e disciplina positiva. Talvez tivesse, sozinha, travado uma batalha de diversos dias contra o mundo. E, sozinha, decidiu seguir a vida cantando, mesmo sem ser cantora.

Dona Conceição teve cinco filhos. Duas eram mulheres. Uma delas, a Sara.

Sara é nome de princesa, ela sempre diz isso, mas, para mim, Sara fez-se rainha. Sara é forte. Não aquela força de quem nunca chora e imita uma estátua da Mulher Maravilha. Pense bem, quem cresceu vendo sua mãe travando as lutas do dia a dia cantando, só pode carregar tatuado no peito a suavidade e o encanto como seus maiores guias. Essa é a força de Sara.

Sara tem como força a arte de impulsionar as pessoas. Fala o que precisa ser dito de forma direta, curta e não é dura, é doce e sutil. Sabe aquela com quem, ao terminar uma conversa, você se pega com a cabeça cheia de ideias, desliga o telefone anotando um insight e, depois de alguns anos convivendo juntos, já escuta a voz dela falando o que você precisa ouvir? Sara é assim. Sua voz ecoa.

Enquanto escrevo e penso no que essas palavras vão dar, eu já escuto ela me dizendo "Você só vai saber fazendo, então faça". Tô fazendo, dona Sara. Tô fazendo, não só hoje, mas desde sempre. Sara levava essa sua regra muito a sério. Quando digo muito, é muito mesmo.

Lembro uma vez que eu brincava no pé de mexerica que tinha nos fundos do quintal de casa. Depois de avistar uma mexerica pendurada entre as folhas da árvore, fiquei um bom tempo descobrindo como iria subir ali para pegar. Dona Sara observava de longe enquanto pendurava as roupas no varal e me ouviu dizendo o que eu jurava que estava falando em pensamento: *Será que eu alcanço?*

>>> *E ela praticamente gritava do outro lado do quintal: "Vai, você só vai saber no que vai dar fazendo".*

De verdade, eu juro que não falei em voz alta, mas ela tinha uma espécie de radar para saber quando eu precisava desse pontapé. Dona Sara não me deu uma escada, não perguntou se eu precisava de ajuda. O que ela fez foi me dar seu sentido mais aguçado, me dar sua fé em mim sem que eu precisasse pedir. Ela me viu subindo no parapeito de concreto, me desequilibrando, viu quando me pendurei entre os galhos e, orgulhosa, agarrei a mexerica nas mãos.

Esse radar funcionava para mexericas em galhos altos e até para o dia em que inventei de fazer bolo sem fermento, passar café usando uma meia como coador, costurar minhas próprias roupas, qual faculdade eu deveria fazer e quando decidi descolorir e cortar o cabelo sozinha — apesar de que, nesse ponto, agradeceria que houvesse uma intervenção. Mas, como disse, esse era o lema de vida de Sara. Ela sempre foi fiel a si mesma.

Eu tive a sorte de ser uma dessas pessoas impulsionadas por ela. Dizem que não é sorte, que a gente escolhe.

Então, essa foi a minha escolha mais bem acertada: ter escolhido nascer filha de Sara. Ou melhor, estas foram as minhas duas melhores escolhas: ter escolhido Sara como minha mãe e Conceição como minha avó.

Cresci admirando a forma como elas levam a vida. Cada uma me fez acreditar que a forma como escolhemos viver os nossos dias muda o mundo. Que a maior revolução que podemos causar na sociedade se dá pela maneira como criamos seres humanos. Não digo isso com a intenção de fazer você pensar que sou uma mãe perfeita e superincrível. Não sou. Faz já algum tempo que abri mão do meu troféu de "melhor mãe do mundo". E isso deixou a maternidade uma jornada muito mais amistosa e leve na maioria das vezes.

Foi vendo Sara e Conceição rebolando na vida que decidi que eu queria aprender essa dança. Que eu queria me entregar dessa forma, que eu queria ser parte dessa história, que eu queria, lá no fundo, mesmo sem admitir descaradamente, ser forte assim.

Mas a maternidade não funciona dessa forma. Ainda bem que não fui mãe nessa fase. O tombo teria me arrebentado ao meio. Pois, antes do voo, eu precisei largar mão de achar que, para ser uma mulher completa, eu precisaria ser mãe e que mães precisam ser sempre fortes — independentemente da força.

No fundo eu sempre quis ser mãe. Sempre quis ter um filho. Mas antes a maternidade me convidou para conquistar as minhas próprias asas e desvendar o meu próprio céu. Antes de ser mãe, eu precisava ser minha.

Essa foi a primeira desconstrução das muitas camadas que eu ainda iria explorar para, quem sabe um dia, planar independentemente do tempo e dos meus medos. Em muitos momentos, a maternidade me quebrou as pernas, mas foi preciso: somente sem os pés no chão eu tive coragem de voar.

ANTES DE SER CASA

Passei anos da minha vida achando que não poderia ter filhos. Foi um sofrimento que carreguei nos ombros por muito tempo. A mesma dúvida pairava sempre: *Será que vou conseguir engravidar? Como será? Quanto tempo vai levar?*

Lembro-me de que, quando estava na oitava série, tive que pedir para os meus pais me buscarem na escola. Eu não estava me sentindo bem. Sentia uma pontada forte na lateral direita do abdômen. Isso, na verdade, não era novidade. Sentia esse incômodo repetidas vezes, e os médicos diziam sempre que era somente cólica, era assim mesmo.

Naquele dia, quando fomos ao médico, foi essa a resposta que ouvi. Voltamos para casa. A dor continuava. Retornamos ao médico e lembro do seu olhar para mim, pegando na minha mão e dizendo: "Ser mulher é assim, menina". Se em um momento da vida senti ódio, foi ali. Odiei ser mulher.

Saímos do consultório, e enquanto colocava a guia da consulta na bolsa, minha mãe, bufando de raiva, olhou para mim e me disse algo que eu precisava me lembrar: "Não, ser mulher não é SÓ assim. Vamos procurar outra opinião".

Voltei para casa e, mais uma vez, eu estava andando curvada pelo corredor devido à dor que sentia. Antes de dormir meu pai me falou: "Vamos no pronto-socorro agora pedir algum exame".

Diferentemente dos outros médicos, esse, ao ver minha situação, perguntou: "Ninguém pediu um ultrassom?". Nada. Eu esperava a minha vez para fazer o ultrassom pélvico e me debruçava nos ombros da minha mãe para ter algum conforto. Meu pai andava de um lado para o outro, cansado, tendo que trabalhar no dia seguinte e provavelmente pensando quantas horas iria dormir se o exame demorasse uma hora para ser feito. Coisas que a gente pensa quando tem filhos e começa a dormir menos.

Entrei na sala e o médico disse: "Uau!". Eu jurava que se seguiria um elogio de como meu útero estava bonitinho por dentro, como mantive meus ovários bem organizados e cheirosos. Mas ele disse: "Esse é seu ovário direito e ele está com um balão gigante!". Eu não entendi nada. Meus pais deveriam ter ficado aflitos, mas não entenderam muita coisa também.

O médico explicou que eu precisaria fazer uma cirurgia com urgência. Estava com um cisto de 8,5 cm e poderia perder o ovário direito devido ao seu tamanho. Já emendou o papo nos tipos de cirurgia, como seria o procedimento e minha cabeça estava completamente zonza. Saí da sala procurando o abraço da minha mãe. O mesmo abraço que viria a me amparar quando estava na enfermaria, após parir o meu filho.

Depois da cirurgia, descobri que tinha ovário policístico e uma suspeita de endometriose. Não se falava muito sobre esse assunto naquela época.

>>> *Os médicos achavam normal uma mulher se contorcer de dor no período menstrual.*

Sempre fiquei com uma pulga atrás da orelha, a dúvida pairando. Será que tudo havia sido de fato resolvido? Na última consulta que fiz na época, o médico me disse: "Quando você for engravidar... Bem, deixa para quando você for, né?". E eu deixei.

Convivi por anos com esse fantasma. Tive amigas próximas que demoraram a engravidar pelo mesmo motivo. Naquela época eu achava que esse era o pesar, mas ainda não entendia que essa era uma grande lição sobre a maternidade: nada é tão programado ou previsível.

Nada é tão planejado assim, nada é tão certeiro assim e muito menos simples. E isso não é um empecilho para não nos prepararmos ou fazermos o que está ao nosso alcance, aliás serve para escolhermos o caminho do que está em nossas mãos.

Sempre tive dificuldade em aceitar o que estava fora do meu alcance. Isso me perseguiu por muitos anos. Fui deixando essa força crescer e ganhar espaço dentro de mim como uma erva daninha. Demorei anos para enxergar que eu fugia de mim mesma. Fugia daquilo que ainda não tinha nascido ou que precisava morrer.

Viver é aceitar o não saber. É preciso uma dose de fé e de loucura. A vida é de quem mete o louco.

É engraçado como a gente tenta fingir que não é com a gente, que está tudo bem, que está tudo certo, que quer mais é abraçar todas as surpresas da vida. E é uma delícia falar em surpresas da vida quando, em nossa mente, surgem resultados obviamente satisfatórios, nossas ilusões e sonhos. Mas não é bem por aí.

Até foi, pois deixei. Na verdade, esqueci. Deixei o tempo amornar.

Por anos achei que esse era o único ponto que merecia minha preocupação.

A vontade de ser mãe era latente, aquecia meu coração.

É engraçado, hoje, recapitular e tentar entender: como querer tanto algo que eu não sei como é realmente viver? A gente acha que sabe. Vemos outras mães vivendo, vemos nossas mães exercendo seus papéis e achamos que tudo bem, faremos igual, resolveremos de outra forma e a vida seguirá como é. Não imaginamos a bola de fogo e a força que a maternidade traz e vem rolando e rolando bem na nossa direção para bater de frente no nosso peito. Nos nossos sonhos. Em quem somos. A gente não imagina. Metemos o louco.

Meu papel como mãe ainda não tinha sido desenhado. Sempre é mais fácil olharmos a vida dos outros estando fora ou sem a responsabilidade da situação. Não nos damos conta do espaço emocional que é preciso abrir para expandir ainda mais. Então, comecei a cavar fundo dentro de mim. Meus ovários já não eram a minha maior preocupação.

Eu queria realmente ser mãe? Ou queria apenas seguir um roteiro da vida? Eu estava buscando apenas ser como uma mulher que admirava? Eu precisava mergulhar mais fundo.

Nessa época comecei a fazer terapia, e foi ali que fui prensada na parede diversas vezes. Um dia, a terapeuta me perguntou: "E se a sua mãe não te amar?". Aquilo foi um soco no estômago. *Como assim, minha mãe poderia não me amar? Isso não existe. É mãe!* Eu pensei, mas não disse nada. Segui olhando para minha psicóloga fixamente, na tentativa de controlar meus olhos para que as lágrimas não caíssem. Engoli em seco. Ela continuou: "E se ela nunca aceitar a forma como você vive sua vida? E se o seu pai nunca aprovar as suas escolhas? E se o seu filho não te retribuir da forma que você imagina nos seus sonhos?".

>> *Foi nesse momento que eu compreendi aonde ela queria chegar: a maternidade é muito além do que amar. E é isso que ninguém nos conta.*

Maternar é resistir. É reinventar. É expandir. É morrer. É renascer. É ter fé para construir o futuro desconhecido com as próprias mãos.

Às vezes tudo isso em uma madrugada só...

Era dizer "sim" para aceitar tudo que estivesse fora do meu alcance ou fora do que eu poderia sonhar. Era sobre aliviar o peso que eu mesma impus e estava acostumada a carregar. Mas não era sobre essa base que eu queria escorar minha casa e ser lar.

Esse peso dos meus ombros começava a me impedir de sentir, por isso não fazia mais sentido carregá-lo. Aceitei a ideia de viver algo muito além do que eu poderia sonhar.

Maternar também é aceitar o não saber.

A VIDA EM PRIMEIRA PESSOA

Parece coisa de frase motivacional ouvir que é você quem escreve sua própria história, mas é uma das maiores verdades. Sempre aceitei que a minha vida era minha, toda minha. Mas algo dentro de mim ainda ficava muito perdido quando pensava em estar realmente só.

Pude perceber isso nitidamente com dezessete anos. Depois de terminar um namoro, me vi completamente sem chão. É claro que ficamos realmente bagunçadas e, com essa idade, acreditamos realmente que a vida acabou por ali. Sofremos sem medo de ser julgadas por estarmos tristes. É o fim. Porém, algo dentro de mim sabia que não era bem assim: eu precisava aceitar a minha companhia como verdadeira. Era hora de me encontrar.

Dos meus dezessete aos dezoito anos, eu senti como se tivesse vivido cinco anos em um. Foram tantos desencontros que encontrei o que me distanciava ainda mais de quem eu realmente queria ser amiga. Foi quando minha terapeuta na época perguntou, com todas as letras, por que essa ansiedade tão grande em fugir de mim mesma.

Essa pergunta veio como uma facada no meu peito. Era hora de marcar um encontro comigo mesma. Já estavam rolando juros desse atraso.

Comecei então a procura por ver a vida pelos meus próprios olhos. Diferentemente do que imaginei, não foi agradável desde o início. Eu me sentia como naquele primeiro encontro em que você não sabe bem onde colocar as mãos ou que roupa vestir. Ao mesmo tempo, era um convite para reiniciar todo o meu sistema: eu poderia ser o que eu quisesse. Isso me deu um tesão sem limites pela vida.

Eu só queria ser eu mesma. Insisti nos encontros desconfortáveis e fui descobrindo, dentro do meu incrível 1,57 metro de altura, uma mulher especial. A vida pelos olhos dela era encantadora. Eu gostava de como ela falava, da mistura de sarcasmo e doçura, da sua vontade de realizar e de sempre dar um jeito de fazer o que ela quer funcionar. Aprendi que ela gostava de café sem açúcar, de apreciar as manhãs sozinha lendo Fernando Pessoa e de ler Clarice Lispector antes de dormir. Ela também era um grande porre quando queria. Reclamava, perdia a paciência com pouco, e ai de quem mudasse qualquer item da sua mesa de lugar. Ela saberia.

Foi nessa idade que eu me convenci de que era eu quem escrevia minha própria história. E eu estava disposta a realmente escrever uma coisa da hora. Uma mistura de romance com doses de tragédia e comédia. Óbvio que seria um best-seller, pois eu iria amar ler para todas as versões que habitam em mim muitos anos depois.

Eu não estava mais resistindo a mim. Eu era parte toda. Tinha curiosidade em saber o que iria me tornar. Era meu primeiro contatinho da agenda, era também o saco cheio das minhas frescuras. Era minha primeira opção de companhia. Eu existia.

Eu escrevo história enquanto faço a minha.

Eu, a minha primeira pessoa do singular.

ANTES DE TUDO: MINHA

Mulheres.

A gente passa a vida ouvindo que precisamos ser fortes. A gente passa a vida aprendendo a lidar de forma muito equivocada com a força. A gente passa a vida sem saber quais e de que maneiras as nossas forças se manifestam.

Eu lembro quando ainda era adolescente, por volta dos meus quinze anos, e dizia que minha única certeza é que um dia eu seria mãe. Eu tinha muitos sonhos, sempre fui do tipo que sonhava acordada. Queria dar a volta ao mundo (e eu tinha pesquisado quanto custava e como fazer isso), queria ser bailarina e jogadora de futebol e construir um local para lecionar artes para pessoas que não tinham condições de vida dignas. Para mim, a arte sempre foi a cura para tudo.

Mas eu abriria mão dos meus sonhos muito facilmente: eu queria ser mãe. Tudo bem se esse sonho fosse grande, maior ou o principal, tudo bem. Todo mundo achava lindo quando eu falava isso. Não importava renunciar a tudo, a mim mesma. Eu queria ser mãe.

E o que uma menina de quinze anos sabe? Eu era apenas uma criança reproduzindo o que viu durante sua breve vida: mulheres sendo mães e sendo elogiadas como boas mães por abrirem mão delas mesmas.

Eu cresci vendo que essa era minha única opção. Cresci presenciando que a maternidade era o auge pela negação a si mesmo. Eu que, futuramente, lutaria tanto para entender que precisaria escrever a minha história e poderia ter opções. É com o poder de decisão que podemos escolher com propriedade.

O que uma menina de quinze anos sabia? Sabia que queria ser como a mãe e a avó. Sabia o que ouviu a vida toda enquanto carregava uma, duas, três, cinco bonecas nos braços de uma vez, "que mãezona, mal tem tamanho para carregar tantas bonecas assim", já era um ensaio de como a sociedade vê as mães. Spoiler: ninguém me ajudou a carregar nenhuma das bonecas.

A gente acha que ensina sobre força quando não oferece ajuda, quando faz uma criança aprender a se virar, a carregar o peso que nem ela entende sozinha. Mas aprendemos mais sobre a força quando o que nos é oferecido é a gentileza.

Um dia, eu percebi que poderia ser eu. Aprendi que o amor não é sobre sacrifício. Eu poderia ser eu e ser mãe ou também não ser. Nesse dia, livre para refletir sobre as opções, eu me dei conta de que eu deveria ser minha. Toda minha. Antes de qualquer coisa.

———

Hoje sou todas as minhas mulheres. Quero ser parte delas, parte minha / parte elas, parte eu parte da vida que vou desvendar. Quero ser minhas histórias, minhas lembranças, meus testes, erros e descobertas. Serei esse emaranhado e serei inteira.

Serei todas as mulheres da minha vida.

Sou as minhas escolhas.

Faço e refaço o meu próprio mapa.

E, assim, serei para sempre minha.

Mulher!

SOU HOSPEDAGEM E TAMBÉM A MUDANÇA

Todo domingo tem gosto de mudança. Encaixotamos alguns medos, desembrulhamos novos planos e respiramos fundo para encarar mais uma leva de vida que se concentra em sete dias. Esse domingo era um dia típico daqueles em que você se prepara para arrumar a casa, receber alguém especial e organizar a vida para encarar a semana. Só que não imaginávamos que receberíamos visita nem que, a partir dessa semana, nunca mais veríamos o calendário da mesma forma.

Passei o dia anterior fazendo minha mesa de madeira virar uma poltrona. Estava exausta como nunca. Subi dois lances de escada e fiquei ofegante. *Tem algo errado aqui*, pensei. Estava em fase de treinamento para uma prova de corrida de 42 quilômetros, o que seriam dois lances de escada? Muita coisa para um corpo que, ainda que não soubesse, carregava dois corações.

Tudo em mim anunciava algo muito além do que eu sonhava.

Sempre achamos que o primeiro sinal será um desconforto abdominal ou enjoo, mas, na maioria das mulheres, são os seios que ficam supersensibilizados. Meu sutiã raspava e eu tinha vontade de gritar. Era insano.

Parece clichê dizer, mas tenho a lembrança de me sentir completamente diferente nesse dia.

O sutiã vestia meu peito errado, a calça entrava diferente no quadril. Ao mesmo tempo que eu gostava do que via no espelho, queria sair correndo para chorar. Achava que era uma TPM das brabas.

Fábio, meu marido, passou o dia trabalhando e eu aproveitei para visitar os meus pais. Minha mãe fez um bolo de cenoura e meu pai me ofereceu uma carona até minha casa. "Encosta aqui rapidinho, só vou pegar algumas coisas", eu disse, apontando para a farmácia.

Sabe aquela fase em que parece que todos ao seu redor começam a engravidar e você só vê bebê por todo canto? Então. Estava vivendo essa fase. Entrei na farmácia para comprar um pacote de fraldas para dar de presente para um casal de amigos que estavam grávidos. Vi uma moça grávida na minha frente alisando sua barriga que ainda estava pequena, mas grande o suficiente para ela sorrir e apoiar as mãos o tempo todo. Ao meu lado, uma prateleira de testes de gravidez. Bom, lá vamos nós para mais um...

Eu já tinha feito muitos testes de gravidez. Meu marido brincava que era uma espécie de esporte ou algum hobby, pois até mesmo quando tomava pílula anticoncepcional eu cismava com qualquer possível sinal e fazia um teste. Lembro de chorar quando queria ver um positivo e de imaginar qual seria a sensação de saber que estava grávida. Mas, nesse dia, foi muito diferente.

Ironicamente aquele foi o xixi mais sem expectativa que eu já fiz. Virei para jogar o papel higiênico no lixo, e o positivo apareceu tão rápido que me deu a sensação de ser uma grande pegadinha. Eu achava que o teste estava mofado ou sem validade. Fiz cinco testes e um exame de sangue para me dar a chance de acreditar — ainda não acreditava.

Parecia brincadeira que, quatro semanas antes, um dia em que eu e meu marido nos entrelaçamos trouxera como resultado algo que tanto sonhávamos, mas para o qual ainda colocávamos algumas condições. Logo após o resultado positivo, meu marido se sentou no sofá e falou sozinho: "Precisamos colocar uma grade na escada (quatro meses depois, não estaríamos mais morando ali)". E minha cabeça rodava pensando como eu terminaria a minha pós.

Nunca fomos dos pais que sonham em dar milhões de presentes, mil cursos e viagens. Sempre fomos comedidos, acredito até que pela vontade de pensar que isso tornaria o nosso sonho de ser família mais próximo. Mantínhamos o pé no chão. Sabíamos que precisaríamos organizar alguns detalhes da nossa vida, como terminar a minha pós, mudarmos para um bairro em que, futuramente, seria possível pagar por uma escola e uma casa que não trouxesse mais despesa do que se tivéssemos trigêmeos.

Durante anos adiamos a ideia de nos mudarmos para uma casa no interior, para um lugar mais tranquilo, com mais verde e em que não precisássemos nos acotovelar e ter tanto atrito para viver como onde estávamos em São Paulo.

Acontece que a parentalidade, quando chega, é como uma onda forte. O peito sente o impacto, engolimos um pouco de água e é o suficiente para nos atrapalharmos para respirar. Mas quando voltamos à superfície, respiramos melhor.

Tudo isso iria acontecer muitas vezes durante o nosso caminhar, e nós não imaginávamos. Estávamos dispostos. Estávamos, acima de tudo, curiosos. E se tem uma coisa que eu amo na curiosidade é o impulso que a gente tira até de onde não tem.

Naquela noite eu não dormi. Pude ver o sol nascer dentro de mim, e em letras garrafais estava escrita no meu peito a palavra MUDANÇA. Não era mais sobre saber a hora certa ou quando estarei pronta: eu queria bagunçar os ponteiros. Queria que tudo recomeçasse.

Em mim, morava um novo hóspede. Eu abriria espaço.

Meu coração tinha um novo endereço.

O meu estado de espírito tinha sabor de domingo.

E eu era a mudança.

EM MIM MORA UM GRÃO DE GERGELIM

E um dia, entre julho e agosto, esse grão de gergelim escolheu meu ser para fazer morada. Desde então eu sou essa pessoa que conversa com a barriga, que sente algo crescendo. Uma mistura de amor com pontos de interrogação.

Não nego a falta que ter mobilidade e autonomia totais fará no dia a dia, mas sei que sentirei mais saudades de você, grão de gergelim, aqui, em mim, comigo, no nosso próprio espaço e tempo. Do seu pai conversando, olhando nos meus olhos e perguntando para a minha barriga o que acha do que ele está falando, imitando a sua voz. Desse vínculo diferente do que já tínhamos e que ele criou com cada centímetro do meu corpo que ele já ama, respeita, admira e se aprofunda ainda mais. Sentirei saudade até mesmo de conversar com você caminhando na rua e de me acharem louca por dizer, repentinamente, no meio do restaurante "Meu Deus, o que foi isso?", esquecendo-me que somente eu e você sentimos o que aconteceu entre as minhas costelas.

Mas, vou te falar, a vida é tão da hora aqui fora. Você vai ver, sentir, viver.

Tô curiosa, não ansiosa, para sua chegada.

E, enquanto isso, espero que você esteja confortável, acolhido e nutrido, criando seu ambiente e seu momento de vir para cá se aconchegar em nós, conhecer sua família, os pelos da nossa cachorra Lucy, o resmungo do cão preguiçoso que é o Ringo, sentir o cheiro de grama cortada, das gotas de chuva molhando as mãos e escutar as nossas músicas. Agradeço essa chance de ser o seu endereço até chegar sua hora de voar.

Passamos anos te imaginando viver diariamente conosco e, agora semana a semana, estamos aproveitando sua presença aqui. Assim. Juntinhos. Quando a vida pesa ou é leve, a gente resolve ou aprecia boa parte assim: um com o outro.

Aproveita aí, aproveitamos daqui. A seu tempo, estaremos juntos. "Como um time", seu pai gosta de dizer. E inteiros. Lutei anos para ser todas as minhas partes e não ser metade. Hoje, me aceito inteira: luz, sombra e todas as minhas penumbras.

Espero que esteja tudo bem por aí. Aqui, nós não sabemos nem como descrever — e isso no nosso mundo, quer dizer muita coisa.

Sou minha casa. Serei sua morada. Para sempre seremos lar.

Bem-vindo, você que ainda é um gergelim.

Bem-vindas, novas versões de mim.

DESAFIANDO A LEI DA FÍSICA

Imagina comigo: dentro do seu corpo tem alguma coisa crescendo. Você não percebe nada no começo, mas logo aparecem os gases, depois a sensação é como estar há dias com intestino preso até surgir um chute. Cara, um chute. Te chutaram de dentro de você.

É maluco.

Sempre tive curiosidade de saber como é estar grávida. Foi muito similar e muito diferente do que imaginei.

Jurei que seria daquelas grávidas que vomitam até a alma para fora nos primeiros três meses e, ainda bem, não foi o que aconteceu. Me safei dos enjoos. Mas veio algo que eu nunca imaginei com tanta intensidade: sono.

Talvez já fosse um ensaio, não sei. Posso dizer com toda segurança que nunca senti tanto sono na vida. Fiquei imprestável por completo.

Não era um sono gostoso daqueles que você coloca um som de chuva e dorme confortavelmente na cama quentinha. Era aquele sono pós-ressaca, dolorido e que você perde por completo todo e qualquer raciocínio. Faço braço de ferro com o sono a vida toda, não pela dificuldade de dormir, mas por não me render a uma soneca à tarde, julgando ser uma "total perda de tempo". Então, segui relutando para continuar fazendo tudo que precisava e não poderia parar.

Meu primeiro trimestre foi palco desse cabo de guerra e percebia que a cada dia minha memória definhava um pouco mais. Eu esquecia palavras básicas, simples, coisas que eu falava e fazia diariamente. O ápice foi o dia que guardei o Nescau dentro da geladeira e o leite aberto no armário.

Em reuniões de trabalho, eu evitava responder qualquer pergunta. Logo eu que sempre falei mais que a boca, sabia que em algum momento poderia falar alguma asneira. Só que chegou a o ponto de não precisar nem falar: estava na cara que minha energia estava em qualquer lugar menos ali.

Falhei reuniões, enviei orçamento errado, escrevi e-mails com palavras obscenas que o corretor mudou e eu não percebi (mesmo relendo quatro vezes) e fui fazer um exame sem meus documentos. Quando disse isso para a atendente, ela parou de digitar, me olhou nos olhos e me abraçou com um leve sorriso em seus lábios dizendo: "Acontece mais do que você imagina, fica tranquila". Respirei fundo.

Ali, baixei minha guarda. Segui a sua instrução e fiquei tranquila, não só naquele instante, não só para aquele exame, mas durante toda nossa jornada que estava apenas começando.

>>> *Talvez ela não imagine o quanto aquela mensagem tranquilizadora foi importante. Acolhedora. Eu precisava ouvir aquilo.*

Não estava ansiosa, não estava apressando o tempo. Estava vivendo como se não houvesse um ser humano se formando dentro de mim. Meu corpo daria conta das semanas de gestação, eu acreditava e confiava, porém eu precisava ajustar a minha mente para aquelas semanas. Foi nessa hora que disse ao meu marido: "Não posso mais trabalhar na nossa nova empresa, o que faço já está me consumindo o bastante". Ele não piscou. Pude perceber sua surpresa por saber o quanto eu queria continuar tocando nosso novo sonho para frente e por eu nunca ter colocado esse limite. Era hora. Era mais um ensaio da nova vida.

Apesar de toda a alegria contagiante das pessoas mais próximas que sabiam da novidade, meu primeiro trimestre foi muito solitário. Eu sentia na pele o medo de perder um grande sonho sem ao menos o conhecer. Eu senti medo, muito medo. Medo de acordar e ver um sangramento indesejado, medo de comer algo indevido, medo de beber algo contaminado ou de me exercitar além do que a médica me recomendou. Eu não transparecia, respirava fundo infinitas vezes por dia, mas por dentro, vivia conversando com meu grão de gergelim: "Vamos ficar bem, né?".

Era maluco não poder ter controle de nada.

Eu sabia que era só o começo. Era o ensaio, era o nosso treino. De guarda baixa, nossas semanas fluíram mais leves.

>>> *Aprendi a confiar que estaríamos crescendo dia a dia e que tudo que eu poderia entregar era o que estava ao meu alcance.*

Qualquer coisa além disso e eu estaria desgastando o pouco de memória que ainda me restava. Falava comigo, falava com a barriga, falava sozinha — sozinha eu nunca mais estaria. Eu sabia. Já começava a sentir.

Era maluco. Era algo novo. Eu tinha muito o que dizer e não conseguia conversar com ninguém, não dava tempo, tudo mudava muito rápido. Tudo acontecia de um dia para o outro, não seguia um calendário gestacional. Eu senti muito. Senti tudo. Passei a escrever cartas para conversar com alguém que me ouvia, não me julgava e estava ali para mim. Escrevi muitas cartas para meu filho enquanto me preparava para ser casa para ele aqui fora também. Conversamos e debatemos sobre muitos assuntos. Chorei, ri, sorri e gritei através de cada palavra. Cada letra nos aproximou ainda mais. Cada frase me fez mais confiante do que sentia — mesmo sem entender nada. Cada carta carrega um pouco de mim. Uma mulher que existiu e que acolhi com versos enquanto desafiava a lei da física e ocupava o mesmo espaço com o amor em construção.

Era tudo muito maluco para mim. Tornar esse momento nosso, fez toda a maluquice virar conexão. Uma conexão maluca.

Esse foi mais um ensaio da vida antes de tudo o que sonhei. Os chutes me lembravam que não era mais um sonho. As cartas eram a realidade mais palpável que eu tinha para dar contorno ao amor usando palavras indizíveis.

Daqui pra frente, eu criaria o nosso vocabulário. As cartas foram esse pontapé.

PERTO DO QUE SINTO, EU TE AMO

é apelido

(cartas para Levi)

NOSSA CASA NÃO TEM ENDEREÇO, FILHO – OITO SEMANAS MUITO ALÉM DO QUE SONHEI

Filho,

"Somos caseiros", é o que a gente sempre fala, você vai ouvir. Mas acho que somos mais do que isso. Juntos, nosso coração ganhou asas para bater mais fortemente, para sermos livres em nós mesmos.

Habitamos aqui e moramos nas histórias que construímos um no outro. E quantas foram! Fizemos a cadeira em que, agora, estou sentada escrevendo, reformamos móveis que encontramos no lixo, vimos a árvore do fundo crescer em anos e, mais importante, já redecoramos mil vezes o mesmo espaço dentro de nós.

Cedemos, reforçamos a base, forjamos paredes flexíveis e aceitamos as surpresas. Alguns dias foram confusos, incríveis e cansativos, mas sempre valeu a pena investir nosso tempo e diálogo para com o outro.

Para ser lar é preciso tempo, filho. Não falo de meses e anos, mas de direcionar a força, energia e estar aberto ao aprendizado. Assim como você semana a semana vem se formando aí dentro. Já é seu próprio lar.

Te repito. Nossa casa não tem endereço, filho. Pois não importa o check-in, habitamos antes de tudo, dentro de nós.

Por enquanto, a sua casa tem meu nome. Meu espaço, minha pele. Vamos dia a dia, juntos nessa. Eu aproveito cada dia, semana e segundo.

Sou minha casa, serei tua morada.

Juntos, somos teu lar. Isso tem muita força — teto nenhum pode nos limitar.

A honra é toda nossa. Obrigada por me escolher para ser seu lugar no mundo.

Com amor,
sua mãe em construção.

NINGUÉM TEM TANTA CERTEZA ASSIM – DOZE SEMANAS MUITO ALÉM DO QUE SONHEI

Filho,

Hoje quero te falar um pouco sobre uma palavra safada que pode soar inofensiva quando você é novo, mas que, quando nos tornamos adultos, insistimos em enfiá-la na nossa vida a qualquer custo sem nem perceber: certeza.

Depois de uma idade você quer certeza. Certeza se é o caminho certo, a pessoa certa, a etapa certa, a ideia certa, o jeito certo, a maneira certa. Vou te contar do momento que eu tinha mais certeza que seria o momento mais certo da minha vida e que me ensinou que a certeza é que a gente não tem certeza de nada.

Te descobri e, ao contrário do que pensei, fiquei calma. Em partes devido a avalanche de hormônios e, por outro lado, por entender que precisamos deste tempo. Tanto você quanto nós. Precisamos desta tão sábia e necessária espera para nos formar e informar. E queremos. A sua avó disse que o segundo trimestre é um suspiro. No primeiro trimestre, me sufoco um pouco na ânsia de ter a certeza (olha a palavra safada aí) de que você estará sempre bem e que te mantenho comigo. Demorou, mas passou. Como tudo na vida passa (isso é certo mesmo). Até que o segundo trimestre está cada vez mais próximo e com isso...

>>> *A certeza de que está tudo bem? Menos ansioso? Mais seguro? Não, o entendimento de que a certeza nunca será tão certa — assim como nenhuma certeza da minha vida até hoje foi tão certeira (duro, mas necessário de admitir).*

O suspiro que chegou foi de quem topou dar as mãos para a incerteza e quer sugar toda a vida de cada semana, pequena mudança, perda e alegria. De quem aceita que cada dia será um novo desafio, na semana um outro perrengue e cada etapa será mais intensa a partir de agora.

Filho, a vida não é de quem tem certeza. A única certeza que posso te dar é essa. A vida é de quem agarra o frio na barriga e segue.

Segue.

Com certeza ou não, a vida segue. Não deixe a vida escapar.

De uma forma inexplicável, você veio com essa dose de incerteza que a gente precisava para viver inteiramente cada momento independentemente do depois.

E, como sua mãe, preciso te dizer: a outra certeza que tenho é que amor aqui há para te transbordar. Isso é certo.

Estamos dispostos a construir e desconstruir nossas certezas juntos dia a dia com você.

Com amor,
sua mãe em construção.

"ESTÁ PREPARADA?" – DEZESSEIS SEMANAS MUITO ALÉM DO QUE SONHEI

Filho,

Agora a vida passa diferente. Um pouco mais lenta, mais perceptível e dolorida. As notícias do mundo machucam diferente, a ultrapassada que o motorista faz assusta e até a turbulência do avião dá um frio na barriga que antes não dava.

A vida agora ganhou mais uma vida. E isso para nós, é mais sentido — e sentir.

Eu que já tive tanta pressa para caminhar e fazer o tempo voar, tento sugar ao máximo todas as mudanças que estão acontecendo aqui dentro de mim.

Hoje você começou a querer dar as caras. Quase sempre acordo antes que seu pai, levanto-me da cama devagar, Ringo e Lucy (os vira latas gente boa da casa) já fazem uma breve festa e me troco para começar o dia. Hoje, seu pai abriu os olhos enquanto eu me arrumava, pensei que estava dormindo ainda, mas pude ver um sorriso e perceber que apontava para mim, dizendo: "Olha quem está aí!". Ao virar-me para o espelho, vi que meu corpo já não era mais o mesmo, não somente pela barriga pós-rodízio de pizza. Muita coisa mudou ainda que, visualmente, não pareça.

Aqui, agora, é meu e seu (nem cocô e nem rodízio de pizza dessa vez).

Para nós, sua família, é tudo. Nosso mundo.

Agora a pergunta que a gente mais escuta nos últimos dias é "Estão preparados?".

Pergunta que não lembro de termos feito entre nós dois. A gente se olha e sem falar sabemos que será a maior aventura da nossa vida, não esperamos diferente (já sabendo que não será nem metade disso).

A gente responde com um sorrisinho bem maroto que você vai conhecer um dia. Preparados, mesmo, a gente nunca está — olha que quem te escreve isso é uma pessoa que é tarada por planejamento, porém não esperamos que você venha com nenhuma fórmula pronta e nem que a gente saiba solucionar todos os problemas sem nenhum desafio. "Estar pronto" não é um botão, é uma marcha. Você vai mudando, adaptando, ajustando. Escolhendo qual funciona melhor para cada velocidade da vida. Estamos prontos para mudar, trocar e deixar. Estamos prontos para acertar. Estamos prontos para errar.

Viver é obra, um eterno ajusta daqui e dali. Vamos nos virar e desvirar do avesso pelo caminho. Vivendo, nos dispondo, doando e enlouquecendo um pouco. Mas inteiros.

Agora com você a vida passa diferente, filho. Por nós tudo bem. Já não víamos a hora de nos reinventar ao nosso próprio tempo.

O mundo aqui é insanamente belo. Se prepara como dá, abre o coração e não esquece: vamos nos descobrindo pelo caminho, quantas vezes forem necessárias.

Estamos prontos para não estarmos prontos.

Prontos para te conhecer e nos reconhecer.
Para isso, estamos preparados.

Com amor,
sua mãe em construção.

DO LIXO AO LUXO – DEZOITO SEMANAS MUITO ALÉM DO QUE SONHEI

Filho,

Essa semana ficamos meio doidos. Eu e você. Sentiu? Eu sim. Brilhei, me senti ótima, então quis enfiar a cabeça no meio da terra, chorei em posição fetal, te pedi desculpa e fui pesquisar no Google se chorar poderia te fazer mal. Me senti ridícula. Não ria. Ok, pode rir.

A maternidade é linda e ridícula.

Até agora meus hormônios estavam se comportando e nos últimos três dias, eu só faltei subir em cima do telhado da casa para gritar. Não me pergunte o que e nem por que o telhado. Sei lá. Eu queria rasgar o peito. Queria me abrir para o mundo. Quero sentir mais ou me entender mais.

E nessa eu quase mijei na calça de rir no sofá, na cozinha, no home office, no meio da reunião, durante a gravação. E chorei o dobro em todos estes cômodos. Nada faz sentido.

Exceto que faz, é você bagunçando meu mundo que eu já sentia, previa e conhecia. É você me fazendo olhar para dentro e pensar: quem é você e o que fez com a Isa? Eu dei risada e chorei cinco minutos depois. Seu pai entrou na sala nessa hora. Não me orgulho, mas sei disfarçar meu sofrimento, mas dele não. Ele foi ainda melhor no disfarce e fingiu não perceber a lágrima presa nos meus olhos, inventando uma coisa qualquer para me perguntar na hora. Fechou a porta e antes de bater, abriu de novo: quer um abraço?

Geralmente seu pai é assim. É o rei de chegar no meio da tarde e me abraçar de graça. Seu pai é especialista em sentir quando alguém não precisa ouvir conselho algum, só um afago pode curar. Para mim é um exercício me desconcentrar do trabalho para partir para esse abraço, mas nesse dia, eu olhei para ele, me coloquei de pé e disse: eu quero um abraço.

Abri meus braços, ele inclinou a cabeça vindo em minha direção e me abraçou segurando o riso, até que eu ri primeiro. Ele tem achado tudo legal mesmo assim. E vou te falar que é legal a gente se conhecer de novo diariamente mesmo depois de dez anos e, no meu caso, depois de vinte e oito anos. Uma Isa que nunca vi, senti, conheci. E essa é a constante que eu gosto. Adoro apreciar algo novo com gostinho familiar de mesma coisa para me readaptar.

Hoje, já voltamos ao nosso normal bem anormal de ser. Por isso consegui escrever e rir dessa sua obra prima vulcânica de sentimentos. Sei que essa será a primeira de muitas. Vamos surtar e aproveitar muito esse caos juntos na vida ainda — não necessariamente nessa ordem. E faz (p)arte. Tá liberado chorar ou rir.

Com amor,
sua mãe em construção.

VIVER E GERAR UMA VIDA – VINTE SEMANAS MUITO ALÉM DO QUE SONHEI

Filho,

Dia desses, em uma reunião, eu esqueci uma palavra. Palavra boba, nada demais, eu uso o tempo todo... Mas não lembrava. Parecia que era russo, de outro planeta. Todo mundo riu dizendo que eram os hormônios, eu enrolei e a conversa seguiu. Mas me pegou.

Daqui de fora já conseguimos te ver crescer e meu corpo, sua casa expande junto. Algo que você não sabe sobre mim é que talvez eu não ligue de ter estria, o peito cair, a barriga ficar flácida, o cabelo ralo e não conseguir mais me maquiar. Meu ponto fraco não mora aí, não me importa tanto. Meu ponto fraco mora no que eu faço, no meu trabalho.

A verdade é que eu sempre gostei de ter trabalho, de colaborar em algo, mesmo o que eu já não me importei tanto assim, diferente do de agora. Foi nos últimos dois anos que comecei a conseguir diferenciar quem eu sou do que eu faço. Ainda tenho dificuldade, ainda me desvendo.

Hoje, tenho melhor noção, mas ainda não tenho tanta clareza. Eu sei que minha vaidade mora aí. Eu sei que é aí que tem me doído e vai doer. Não conseguir dar conta do volume que eu dava antes, não conseguir responder a todos com agilidade, não conseguir ter o reflexo rápido de saber o que é para daqui dois meses, não conseguir ter a mesma memória para estudar para a minha pós, o medo de perder trabalho por tudo isso e não ter palavras no final de um dia vulcânico de hormônios. Não me importa se a pele está melhor, essa dor eu disfarço sem maquiagem.

Enche o saco ter que me explicar toda vez que isso acontece, mas tem melhorado. E eu explico que não é por você, é por mim. Faço um favor para mim mesma por não me cobrar tanto e aceitar como minha cabeça está agora, como minha memória já esteve e como estará.

Esse é o maior aprendizado que você já me deu. Para isso, sim, me faltam palavras, filho. E nesse caso, não por não lembrar, mas por nenhuma palavra no vocabulário contemplar.

Feliz mais uma semana juntos e sem palavras. Te escrevo sorrindo — nisso minha cabeça não falha.

Com amor,
sua mãe em construção.

TUDO MUDA – VINTE E QUATRO SEMANAS MUITO ALÉM DO QUE SONHEI

Filho,

Chegamos ao sexto mês. E tudo mudou outra vez. Tudo muda tanto o tempo todo que às vezes é difícil assimilar o que está se passando dentro de uma mesma pessoa. Quer dizer, nós dois.

Me vi estes dias no reflexo de uma vitrine na rua e no primeiro instante custei me reconhecer, então vi uma foto minha de um mês e meio atrás e não fazia tanto sentido. Agora, damos as caras juntos.

Estamos diariamente saindo da zona de conforto, que não é tão confortável assim. Humor, sentimentos, ritmo da vida, prioridades, limitações, o que me cabe e não cabe mais — e nem falo de roupa.

Agora já acordo com seus chutes e você os intensifica quando escuta seu pai na roda da conversa e quando cantamos juntos.

Sinto tudo muito. E eu já achava que sentia o bastante. Você veio mesmo para transbordar.

Agora, o carinho enche o peito e o que vem com tristeza ou rispidez brota uma avalanche. Como é novo sentir a vida com você!

Tem sido uma sensação louca dividir meu corpo e ao mesmo tempo tem uma pitada familiar. Um espaço que era tão meu, todo meu. Agora é nosso... E nos basta.

Sinto minha pele e todo o meu corpo se esticarem, literalmente. Sinto quase uma espécie de dor nessa expansão. Estica daqui, repuxa as costas de lá e parece que a cada manhã puxa e expande um pouco mais. Seu pai se impressiona com isso e eu nunca vou me acostumar que tudo isso está acontecendo de dentro para fora de mim. Estamos nos transformando. Juntos.

Ainda temos tempo para aproveitar e sugar esse momento juntos de um jeito todo nosso, neste universo que eu habito há anos e já não conheço mais da mesma forma.

Não tem um dia que eu acorde e sorria vendo cada vez menos meus pés e agradeça sua existência. É sinal de crescimento.

Obrigada por me lembrar diariamente que somos adaptáveis, e esse é só o começo dessa nossa dança intensa, imprevisível e potente mais um mês.

Isso nos muda e molda.

Você é a parte que nos lembra que a vida é muito mais sobre (flu)ir.

Então, sem pressa, vamos aproveitar cada segundo. Logo, tudo muda outra vez... E outra vez.

Sinta-se em casa. Em mim e com você, é como me sinto.

Com amor,
sua mãe em construção.

SAUDADES DE CORRER PELA MINHA LIBERDADE – VINTE E SEIS SEMANAS MUITO ALÉM DO QUE SONHEI

Filho,

Saudade de correr.

De sentir o vento puxar a pele do meu rosto até quase sorrir involuntariamente. De pular, cantar, gritar e chorar por dentro e, por fora, continuar a correr olhando para o chão. Saudade de perder o fôlego sozinha.

Saudade de não sentir mais os pés tocando o asfalto e mesmo assim continuar.

Te escrevo pois, quando digo isso para alguém, já sei que vou escutar: "Não reclama, né, é por um bom motivo", "Logo isso não vai importar mais isso", "Quando nascer piora".

Eu só queria dizer com todas as letras: saudade de correr sem soar reclamação. Ou que essa reclamação não soasse como competição.

A saudade de levar minha alma para passear no meu antigo ritmo é grande. Talvez já seja um ensaio. A saudade do que não volta e do que ainda não sei como será.

Saiba que tenho saudade de mim. Saudade de bater os pés no chão incansavelmente, de ter que educar minha mente quilômetro por quilômetro a não esquecer o objetivo. Saudade de acolher minhas fraquezas para descobrir minhas forças.

Um dia, tenho certeza de que você encontrará algo que te fará se sentir assim. Com você, me sinto segura em dizer, pois sei que me escuta e às vezes a gente só precisa ser ouvida, sem conselho, sem resposta pronta... Só um ouvido que nos abrace. Isso é raro. Espero ser essa sensibilidade quando você um dia precisar de mim.

A vida tem seus momentos. E eu já tive que desacelerar ou parar diversas vezes sem querer. Dessa vez eu quero, mas para isso, não preciso negar e anular a falta que me faz. E isso diz muito sobre a vida. Faz parte — no caso, uma imensa parte, de mim.

Como seu pai diz, "Guarda essa saudade com carinho". A saudade, filho, também move o coração. Estou guardando. Sentindo o vento no meu rosto de outras formas, renovando os pés calejados e me relembrando de como isso faz eu me redescobrir no caminho. Foi correndo que me reconheci. Agora, guardo toda essa força para te conhecer. A maratona que a gente mais sonhou viver.

Obrigada pela companhia nestes seis meses e meio, durou mais que imaginei. Agora, não corre filho, descubra seu tempo.

Me entrego a essa nova, já infinita, parte de mim. Como uma corrida gostosa no domingo à tarde... Você me traz esse sabor de liberdade.

Não existe linha de chegada. Isso vale para nós.

Com amor,
sua mãe em construção.

QUANDO BATE O DESESPERO – VINTE E SETE SEMANAS MUITO ALÉM DO QUE SONHEI

Filho,

Tem dia que é desesperador. Por si só. Te escrevo sentada no chão da cozinha, enquanto desisto de descongelar comida, sento-me no chão e me pego olhando uma fileira de formigas. Hoje descobri o que já não era novidade: não vou dar conta — e foi o meu mantra todo esse tempo, mas hoje doeu quase fisicamente. Cada nova notificação, cada nova ideia que me faz feliz, ao mesmo tempo, me faz pensar que não conseguiria realizar, me faz relembrar do dinheiro que se vai. O seu quarto que faz eco quando entramos e, apesar de me sentir bem nele ainda assim, responder às mil perguntas de: "Tudo pronto? Já tem tudo?". E ver a cara de desespero de algumas pessoas, me suga do nosso tempo das coisas.

Viver às vezes também dá medo, filho. Te falo isso para me lembrar. Sei que esse medo se torna força, mas quero te contar que até uma parte do tempo, o medo pode doer. E aí seguimos como dá, "o rock não pode parar", como seu pai diria.

Nossa cabeça está toda em você, em nada especificamente, mas em você. E parece que nada à nossa volta consegue nos cativar ou nos encantar tanto assim. Hoje, queria poder fugir de todo cronograma, das mensagens não respondidas, planilhas, de requentar o almoço e ficar aqui assim, jogada no chão gelado da cozinha pensando na gente.

Hoje é assim que me sinto. Eu te prometi sinceridade nas nossas conversas.

Agora, da sala, seu pai acaba de me chamar para ir tomar um cappuccino no posto de gasolina. Ele sabe que eu adoro. Pensei em não ir. Sei que você precisa mais de mim, mas agora, olho sua foto na minha tela do celular, respiro fundo, levanto-me quinze vezes mais devagar e vou. Vamos.

Amanhã essas palavras serão digeridas e se tornarão força.

Hoje, fui salva por você, a lombriga do seu pai e um cappuccino barato. E o rock continua. Te prometi sinceridade: às vezes bate o desespero. Às vezes bate a coragem. Viver é tudo isso mesmo.

Com amor,
sua mãe em construção.

VALORIZANDO O CAMINHO – VINTE E OITO SEMANAS MUITO ALÉM DO QUE SONHEI

Filho,

Comecei a te escrever para aliviar meus pensamentos do primeiro trimestre, mas continuo por causa de uma amiga que me ensina tanto sobre a leveza de ser quanto do maternar. Ela não sabe, mas me deu o melhor pitaco. Que, na verdade, é uma lição para a vida. Grávida, acredite, eu ouvi de tudo: "Isso não é nada perto disso ou daquilo", "Se não aguenta isso saiba que piora (risos)", "Espera até chegar mês que vem".

Essa amiga, quando me viu grávida, fazia questão de sempre me falar: "Viva cada semana, as suas semanas".

A diferença é sutil. Todas aquelas outras frases me jogavam sempre lá na frente, no futuro, nunca no agora, nunca para falar do hoje.

>>> *Eu que sempre achei a gravidez única, sem romantismo, e sim única como toda fase da vida, quase caí na armadilha de viver como um checklist, esperando qual seria a próxima sentença. A próxima fase. O próximo chefão para enfrentar.*

As conversas com essa amiga-mãe ecoaram no meu coração. Ela me puxou não só para realidade — que seria diferente até da dela — mas para enxergar, aproveitar e lidar com a nossa própria realidade. E eu sei que sejam em dias difíceis ou mais fáceis, o bendito agora, este tempo, é só o que temos para viver, aprender, reparar erros e nos prepararmos.

Dentre tantas dicas e conselhos, essa amiga me ensinou que temos muito a compartilhar, mas temos que zelar pela forma como fazemos isso, para não nos colocarmos em um modo de alerta (ansioso e amedrontado), de pitaco, mas para que nos desperte um modo de atenção (disposto, forte e curtir quando for leve) para viver e não ter vergonha de pedir ajuda se preciso.

A diferença é transformadora.

Filho, que nossa jornada seja mais leve e consciente.

Estamos exatamente no nosso tempo. Já ajustei meus ponteiros.

Com amor,
sua mãe em construção.

QUANDO ME DESPEDI SEM SABER QUE ERA HORA – TRINTA E DUAS SEMANAS MUITO ALÉM DO QUE SONHEI

Filho,

Sentirei sua falta... talvez. Não sei. Mas algo em mim diz que sim. Talvez mais do que eu poderia imaginar.

No começo eu não entendia, achava até um pouco bobo, mas a cada semana foi nascendo um sentido diferente. Era ali, ali que você estava, pertencia, crescia, habitava junto a mim.

Barriga. Eu nunca reparei tanto em você. Eu nunca passei tanto a mão em você. Eu nunca cuidei tanto de você, não pela sua forma, mas por todo o seu potencial.

Nessa barriga, você está comigo. Só em mim, seja em dias bons ou dias ruins. Isso faz com que eu me sinta honrada. Sou o seu primeiro lugar no mundo.

Nos dias de azia, na falta de ar nas escadas, dificuldade de abaixar, eu tentava me lembrar: era só em mim que o seu mundo se formava. Resmungo sorrindo, reclamo, mas, no fundo, gosto. Ter você comigo é um sonho. Foi uma surpresa e sempre será uma honra.

Acho que nos entendemos bem nestes meses que aprendemos a contar no formato (confuso) de semanas, mas mais do que isso, aprendemos a viver cada dia uma vida em construção.

Cada dia expandimos juntos, ocupando o mesmo espaço físico e o mesmo espaço interno.

Talvez nunca mais fiquemos tão coladinhos assim, tão próximos, tão íntimos, tão conectados, tão nós por nós. Talvez dizer "nunca" não combine com a maternidade. Mas, hoje, sei que em algum nível eu sentirei sua falta aqui, no meu ventre.

Estamos vivendo o seu tempo. Na doce espera, sem grandes anseios, mas com ternura. Sonhando com a hora de olhar nos teus olhos, pois sei que o tempo começará a passar diferente.

Quero te viver sem pressa. Para te decorar, te sentir, te descobrir.

Temos a vida inteira para nos conhecermos, então não precisa correr, filho.

Até aqui, te agradeço pelas melhores semanas da minha vida. Nunca mais serei a mesma. Eu sei.

Te espero, filho.

Com amor,
sua mãe (sempre) em construção.

MUITO ALÉM DO QUE *planejei*

(sobre nascer quantas vezes for preciso)

A GENTE NÃO SABE A HORA DE RENASCER

Era domingo. Eu estava terminando de adiantar um trabalho cuja entrega era prevista para alguns meses antes de o meu filho nascer. Estava feliz, mas tinha algo acontecendo. Passei a semana toda falando para meu marido que eu estava sentindo algo diferente. Diferente. Para não dizer esquisito. Sentia-me como se meu corpo estivesse se expandindo fisicamente. Sentia ali, embaixo, como se um portal estivesse se abrindo. Sentia, mas duvidava. Como duvidei de mim!

E o corpo sabia: era hora. Ele anunciava.

No dia anterior, uma grande amiga tinha me visitado. Ela trouxe o berço acoplado que ficaria colado na nossa cama nos primeiros meses. Compartilhei com ela naquele dia: "Você sentia algo... ali?". E ela disse que não, mas, me olhando nos olhos com muito carinho, frisou: "Só vocês sabem o que está acontecendo aí, sinta-se e fique em paz".

Fui dormir tranquila naquele dia. Não me levantei para fazer xixi, apaguei. Pela manhã, lembro-me de ter esvaziado todo o meu intestino como há muito tempo não acontecia. Lembrei-me do vídeo de uma mulher que dizia: "Quando seu intestino funcionar que é uma beleza, é o dia". Dei descarga pensando que eu era doida. Estamos só de trinta e três semanas. Não era hora de nada, nem de ninguém, foi só uma boa evacuada.

Não conto isso para dar a entender que eu sabia quando meu filho ia nascer. Nada foi como uma premonição para mim. Afinal, se soubesse, teria ao menos adiantado a compra de um trocador e teria um pacote de fraldas em casa. Conto para que você não duvide de você mesma.

>>> *Não duvide do que seu corpo te diz, nem do que a sua mente te sussurra. Nós mulheres somos treinadas para nos ignorarmos, nos deixarmos para lá.*

Conto para que você seja a primeira a ouvir e apostar nas suas próprias dúvidas, dilemas e certezas.

Passei o dia gravando os vídeos para o meu canal do YouTube, terminei de fazer o que precisava ser feito e me sentei no sofá para descansar por alguns minutos. Senti uma fisgada na lombar, nenhuma novidade. Nessa etapa, sentia isso todo final de noite. Pensei que precisava lembrar de alongar meu corpo mais vezes no dia.

O dia estava ensolarado, com aquele ar de domingo feliz e em família. O cheiro de sabão de coco que usamos para lavar os minilençóis já nos deixava nauseados de paixão. Já podíamos imaginar uma vida embrulhada naqueles tecidos. Só não imaginávamos que seria ainda naquele dia.

Nessa fase, a gente vivia no quarto do nosso filho. Não tinha nada ainda lá, mas ficávamos ali. Era difícil imaginar como seria, então os olhos brilhavam com um ponto de interrogação.

Liguei o ferro. Não achei a tábua de passar e, então, sentei-me no chão e improvisei um espaço. Foi meu jeito de aquecer o coração e cuidar como podia mesmo sem ainda não ter nada nos braços para cuidar. Eram seis horas da tarde e eu estava na metade quando percebi o que, hoje, consigo descrever como um formigamento nas costas, ainda que, na hora, eu tenha simplesmente estranhado aquela sensação. Eu já tinha lido, ouvido, falado, visto tudo sobre início de trabalho de parto. Inclusive, passamos a semana inteira em consultas e eu tinha ouvido: "Você vai saber".

Naquele dia eu pensei que não sabia, hoje eu sei que eu não queria acreditar que estava acontecendo.

Passou tão rápido quanto o tempo que você levou para ler este parágrafo. Continuei passando os lençóis. Voltou. Será? Era difícil distinguir o que era minha cabeça, o que era meu corpo, onde estava formigando, onde estava apertando. Vinha de trás, mas parecia um outro corpo, um outro lugar. Passou, claro, continuei passando o tecido também. Minha cabeça começou a calcular espontaneamente. Na primeira vez foram quatro lençóis, na segunda vez foram três roupinhas, na terceira vez foram duas fraldas. Inventava desculpas, não querendo acreditar. Pensava que era mais fácil passar fraldas.

Não sei o que me deu naquela hora mas eu resolvi cronometrar.

A verdade é que eu nunca considerei ter um parto prematuro. Nunca passou pela minha cabeça. Minha gestação era de baixíssimo risco. Estava tudo bem. Não fazia nem uma semana da última ultrassom, e estava tudo bem. Mas foi naquela semana que eu fiz uma montagem no meu celular para avisar aos parentes que meu filho tinha nascido, só faltava colocar a foto que eu imaginava ser junto ao meu peito, com o corpo suado e ele esbranquiçado envolto de vérnix e com meu marido ao lado sorrindo com os olhos inundados.

Eu mentalizava um parto rápido. Antes de dormir, colocava as mãos na barriga e falava carinhosamente que ele viria ao mundo de forma respeitosa. Quando quisesse, da forma que quisesse. Eu o receberia com toda a potência do meu corpo, com todo o meu ser. Eu precisava do seu calor, jorrar todos os hormônios possíveis para me embriagar de vida. Precisava dessa vida nova pulsando junto à minha. Eu queria sentir. E em segredo, sem ser em voz alta, eu pensava: *Faremos tudo isso juntos em cinco horas, tá, filho? A gente pode. Eu acreditava.*

Sentada no chão, com o ferro de passar de um lado e o celular no outro, estava aberto o aplicativo que registrava as semanas da gravidez e tinha a função de cronometrar as contrações. Às seis e meia da tarde, fiz o primeiro registro e assim segui. Passando roupa, passando tempo, passando roupa, passando o formigamento. Por volta das sete horas da noite, eu me dei conta: eu não estou doida, tem alguma coisa acontecendo.

Percebi uma constância, percebi que o tempo entre uma contração e outra estava reduzindo muito rápido. Mas eu ainda não falava que meu filho iria nascer. Eu não queria acreditar.

Atrás de mim estava a bola de pilates que peguei emprestada da minha mãe e deixávamos no quarto do bebê. A bola vivia para lá e para cá na casa, no meio da sala, mas nesse dia ela estava posicionada quase que enviada pelos céus para me segurar. Meu marido trabalhava na sala, ouvia sua voz em uma ligação de trabalho que dizia que o material precisava ser enviado urgente, urgente, urgente e ele tentava resolver aquilo de alguma forma. Eu puxei a bola, deitei sobre ela com o quadril jogado para trás. Estava melhor. Podia deslizar e a sensação de formigamento amenizava. Meu marido foi até o quarto para falar alguma coisa, e até hoje eu não sei o que era pois ao olhar nos meus olhos ele pôde ver que o ponto de interrogação com que ficávamos dentro do quarto estava se tornando um ponto de exclamação. Meus olhos diziam que já era hora. Nossa boa hora.

"Tem alguma coisa acontecendo de diferente", ele disse, e eu ri para tentar aliviar a carga daquela frase. Ele, mais tranquilo do que eu e lembrando o que a médica tinha nos instruído, me perguntou se estava doendo. E eu expliquei que não era dor, mas era algo. Poderia ser só o cansaço do dia, mas ia e vinha. Era estranho.

Resolvi tomar um banho. Liguei a ducha, a água quente escorrendo era como um bálsamo em minhas costas. Chorei sozinha, calada. Meu marido ainda estava na ligação, mas, nessa hora, falava com a nossa médica, ainda que eu não soubesse. As lágrimas escorriam de meus olhos e passeavam pelo meu rosto. Abracei minha barriga como fiz durante toda a gestação.

Era difícil acreditar que tinha uma vida ali. Um ser humano se formando enquanto eu trabalhava, corria, pintava parede e cozinhava. Mas, dessa vez, pude sentir que realmente tinha alguém ali comigo e que nosso encontro seria em breve. Senti que ia receber uma visita e a casa estava uma bagunça, a louça não estava lavada e não tinha filtro para coar um café. Me senti perdida, me senti atrasada para receber o amor da minha vida. Ainda assim, com o mesmo carinho, mas chorando mais, eu o avisei de que ainda não era a hora. Ainda tínhamos muito o que fazer.

Mas, ainda que eu não soubesse o que estava acontecendo ou sentindo, ainda que não pudesse descrever, eu podia ouvir meu filho anunciar que ainda tínhamos muito o que viver. Era a hora. Eu sabia. Ele sabia. Nós podíamos nascer e renascer.

A GENTE NÃO SABE A HORA DE MORRER

Entrar em trabalho de parto é o início de um novo mundo. Um mundo incerto, instável, inconstante, mutável, imprevisível. Um mundo mais real que a própria vida. Era esse chefão que eu enfrentava enquanto estava tomando banho.

Algo dentro de mim me dizia que ele estava nascendo. Algo dentro de mim me dizia que precisava renascer, e isso é muito bonito, mas era preciso ler nas entrelinhas: PARA NASCER E RENASCER, ALGO PRECISA MORRER.

No chuveiro, eu apoiava as mãos na parede como quem tentava segurar o mundo. Como se eu pudesse sustentar cada tijolo. Como se a liga de tudo aquilo dependesse de mim. Eu não fazia força, eu apenas me mantinha ali. Viva. Senti a vida em cada poro. Eu vivi a vida intensamente naqueles poucos minutos. Precisava deixar morrer algumas partes minhas ali. Eu precisava abrir espaço. Mas ainda não queria acreditar.

Saí do chuveiro e me deitei na cama. Meu marido me disse que a médica pediu para contar se eu sentia dor. E eu disse que não era dor. Era qualquer outra coisa. Não parecia cólica, não parecia uma fisgada, não parecia formigar... tinha gosto de vida. Me chamava para dentro, me despertava para mim mesma, me puxava para aquele instante. Pedi para deitar-me um pouco na cama. Me encaixei entre quatro travesseiros e ouvia meu marido em uma reunião na sala dizer: "Vou precisar desligar, tem alguma coisa acontecendo". Ele já admitia.

Ali, deitada, me via nua. Com todas as letras. Vi meu corpo com outra forma. Me vi casa, me vi passagem, me vi. Vi que era hora de dar as mãos para aquele pedaço dentro de mim que sempre quis se expor e sentir tudo, sentir muito. Era hora dele. Mas ainda não era minha hora. E algo que posso chamar de dor começou a dar as caras. Era diferente, mas no nosso linguajar, pode ser dor.

Meu marido entrou no quarto e, antes mesmo que eu pronunciasse qualquer palavra, me disse que iria ligar o carro e pegar a minha bolsa. Me esperaria lá embaixo. Perguntou se eu precisaria de ajuda para descer, e eu disse que não. Coloquei um vestido, chinelo e desci. O caminho até o hospital demorava sete minutos; nós já tínhamos feito, mas eu não lembrava. Em cada lombada, eu tentava me encaixar de uma forma que não fizesse pressão. Mas, ainda assim, eu sentia. Claro que não poderia faltar uma piada nessa hora: "Vai nascer na próxima lombada?". E ria. Eu ri, mas era como se eu tivesse pausado todas as minhas emoções naqueles sete minutos: eu não sentia medo, não sentia alegria, não sentia... Eu não sentia nada. E isso me assustava.

Fui entregar meu documento na recepção do hospital e não pude falar. E foi nessa hora que me dei conta: *Estou em trabalho de parto.* É o que todos dizem, quando você não consegue falar. Ter lido tudo e de tudo foi incrível, pude perceber a fase latente, fase ativa, expulsiva, eu me sentia uma estagiária no primeiro dia de trabalho vendo na prática tudo aquilo que tinha aprendi na sala de aula.

Caminhei até a triagem, dei entrada nos documentos, me ofereceram lugar para eu me sentar, mas estava melhor de pé. Me apoiei abraçada nos braços do meu marido e dançávamos instintivamente para lá e para cá. Eu conduzia, ele ia. Eu queria que aquele instante durasse um pouco mais. Queria namorar quem ainda éramos. Não que tudo fosse mudar em um passe de mágica ou no primeiro choro do bebê, mas eu sabia que ia me despedir de algo em mim. E eu não queria correr o risco de perder algo nosso mesmo repetindo para gente o tempo todo que éramos prioridades um do outro também.

Quem nos garante o que vai acontecer a partir dali? Quem nos garante que vamos gostar da parte de nós que vai renascer? Quem nos garante alguma coisa? Ninguém. Continuei naquele abraço. Já debruçada. Já soltando o peso do meu, do nosso corpo. Com a sensação de que algo dentro de mim se remexia e comprimia, se tornando um comigo, juntando forças para expandir aqui fora. Sendo dois. Era hora de ser mais, de ser além, de ser eu, de ser um time.

Meu corpo era o veículo, era hora de mudar de casa. Mas eu ainda caminhava como se não tivesse pressa.

"Senha 303."

Caminhei sozinha em direção ao elevador. Mas eu não queria estar só. Era hora de deixar morrer o medo do desconhecido. Era hora de enterrar a necessidade do controle. Era hora de ser minha companhia. Era hora de não me sentir só. Era hora de incendiar a vida que acumulei dentro do peito por todos estes anos.

Era hora. Minha hora, hora dele, a nossa.

"Senhora, pode ir para a enfermaria da emergência."

(Re)nascer era urgente.

TUDO DENTRO DE MIM QUEIMA

Até ali parecia que tínhamos todo tempo do mundo. Eu sabia olhar as horas no relógio, eu sabia onde estava minha bolsa, eu caminhava sozinha, eu tinha controle do meu intestino. Eu tinha tudo sob controle, exceto que não tinha. Era como o início de um incêndio: é silencioso, você não vê, mas sabe que algo está acontecendo e nada mais será igual. Eu me sentia escapando pelas minhas próprias mãos entre uma contração e outra. Entrei por uma porta, vi várias mulheres grávidas ali. Pude ver no olhar delas o mesmo ponto de interrogação que eu tinha estampado comigo, junto ao silêncio ensurdecedor para não fazer barulho no hospital.

Tudo me passou pela cabeça, nada me passou pela cabeça. Não me lembro de nada. Sei que ali, descobri que uma médica iria me avaliar e, ao passar pela porta, encontrei com Fábio. De repente, a pitada de esperança foi renovada.

Pedi para ir ao banheiro. Quando se está grávida, é natural alguém perguntar como está seu intestino. Queria fazer cocô e a médica me pediu para fazer uma pequena avaliação antes, pois poderia ser o bebê. Deitei-me e percebi, pelo seu olhar, o que estava acontecendo: quatro centímetros.

Quê?

A partir daí, aconteceu uma sucessão de eventos que eu não lembro. A médica começou a falar mil coisas, Fábio balançava a cabeça e segurava o celular que tinha nossa médica na linha. Ele falava com a médica presencialmente e repetia para nossa médica. Uma dança que eu não conseguia acompanhar. Estava ocupada demais segurando partes de mim apenas com uma banana do café da tarde. Fui ao banheiro e, quando voltei, parecia que tinha um mapa de como tudo seria, tudo resolvido, só me repassaram: a nossa médica deu ok, vão tentar inibir e em algum momento ali eu perguntei se dava tempo de irmos para São Paulo e não sei por que entendi que sim. Relaxei completamente: não era hora. Eu tinha tempo de me preparar para renascer.

Não era hora, mas estavam me tratando como se fosse.

Vesti um avental, me colocaram em uma cadeira de rodas. Meu remédio não chegava nunca. Fui ao banheiro: um pouco de sangue. Avisei a enfermeira e ela me guiou para que eu me deitasse na maca para que avaliassem os batimentos do bebê. Mandaram-me ficar parada. Tão parada quanto possível. Quem inventa um procedimento desses com alguém em trabalho de parto nunca pariu! Se ficar parada era horrível, ficar deitada era um pesadelo. Era como remar contra a maré, era como tentar ficar imóvel com uma correnteza.

Era o que em parte eu estava fazendo comigo mesma.

Como vou saber se ele está bem? O que vai ser? Não temos nada (de nada de nada) pronto! Essas eram perguntas que, mesmo em um trabalho de parto a termo, eu não poderia responder.

Senti medo. Não da dor, nem do parto. Senti medo de quem estaria ali. Do que fariam comigo, como iriam conduzir aquele momento. As paredes daquele lugar me sufocavam. Respirar agora tinha uma mecânica pesada.

Foi quando a médica se sentou ao meu lado. Eu nunca a tinha visto na minha vida. Como poderia falar para ela receber meu filho ao mundo? Nada ali me era familiar. Tudo ali me transmitia frieza. A luz azulada, os lençóis jogados, a maca mal encapada, os fios soltos na lâmpada no banheiro. Tudo ali me dava calafrios. Senti sua mão na minha barriga e um leve sorriso: seu filho está com batimentos bons. Eu sorri. Ingenuamente perguntei a ela se inibir já estava fazendo efeito e ela retirou a mão da minha barriga, apoiando-a na minha.

"É menino, né? Acredito que ele vai nascer aqui hoje." Eu não lhe respondi. Não sabia o que dizer e nem o que pensar. Parei de sentir medo, só queria me levantar, caminhar e me agachar. Queria ir para um lugar onde eu tinha certeza de que seria respeitada, que não me cortariam à toa, que não fariam nada sem me perguntar, que não tratariam aquele momento como mais um. Não era mais um. Era nossa vida toda. A médica ia se levantar, mas sentou-se novamente e, me olhando nos olhos, perguntou: "O que você pensa sobre o parto?". Uma faísca de esperança reacendeu em mim, a mesma de quando vi Fábio. Juntei todas as minhas forças para responder que queria um parto natural. E a resposta que obtive foi: "Que bom. Parto natural é o melhor para prematuros. Eu volto já".

Ali me dei conta de que já não era só mais eu. Estava sem minha bolsa, sem minhas roupas, sem minha calcinha, sem meus documentos, sem nada além do meu celular. Era eu e meu corpo. Eu realmente era nossa casa.

Dias depois, meu marido me contou que aquela foi a pior hora da vida dele. Ele não sabia onde eu estava, o que estava acontecendo, não sabia se já tinha nascido e nada havia sido comunicado para ele ainda. Não sabia o que seria. O convite para renascer não era somente para mim, era para nós dois. Fábio me contou que um homem que estava na recepção com ele buscava tranquilizá-lo, dizendo que tudo ficaria bem. Talvez tenha sido um anjo, talvez tenha sido só um ser que foi humano naquele momento tão frágil. Consegui digitar uma mensagem dizendo que iam me mudar de sala. Eu ia para a sala de pré-parto. Eu queria que ele estivesse comigo, ele precisava estar comigo.

Na ala nova, eu não sabia mais se era dia ou noite, não lembrava mais meu nome. Estávamos eu e uma mulher que passava suas contrações sozinha deitada na mesma posição. Eu queria ir até ela. Eu queria levar um copo de água para ela, queria um copo de água para mim, queria meu marido. Eu mal conseguia falar. Pareciam horas intermináveis ali, sozinha, mas foram minutos em que eu agarrava o braço da maca como se fosse o colo da minha mãe. Por mensagem, eu disse a ele que estava difícil me manter calma entre as contrações e ele me respondeu dizendo para que eu imaginasse que estava em uma maratona. Para respirar fundo. Dizia que eu conseguiria e que me amava, que estava vindo até mim.

Antes que me tocassem, pedi que meu marido estivesse ali. Fábio veio em uma contração que senti meu calcanhar tremer inteiro. Eu me contorcia na maca querendo sair e senti seu olhar assustado por nunca ter me visto daquela forma. Entregue, inteira e em carne viva.

"Sete centímetros, evoluiu muito rápido." Nós nos olhamos naquele momento e eu me dei conta que estava onde queria estar, mas tentava me tirar desse lugar. Tentava ir para o cenário que imaginei: uma sala aquecida, luz baixa amarelada, nossa playlist, uma doula massageando meu quadril, Fábio avisando nossos pais... mas nada disso existia. Fábio me disse: "Vamos conhecê-lo hoje, amor. É hoje".

Ali, naquele instante, me deixei ir. Não sabia o caminho, não conhecia para onde ia, era diferente do que imaginava, mas era o que eu precisava.

Ali, me despi de mim, da minha barriga, do meu corpo casa. Ainda era eu, mas com mais espaço para transbordar.

Ali, eu disse em voz alta: "Te carregar foi um privilégio, filho. Hoje mesmo te disse que te carregaria para lá de meses. Passou tão rápido. Mas eu sempre disse que respeitaria seu tempo, a sua hora. E eu não posso controlar isso. Vem, filho, te deixo vir. Aceito. Você sabe nascer, eu sei parir".

Era o nosso dia de atear.

Meu coração ardia, meu períneo queimava. Eu já não sentia mais os pés no chão. Uma bola de fogo crescia dentro de mim. Eu não sabia muito bem o que fazer com isso, mas eu não via a hora de incendiar. Eu não via a hora de ver as cinzas dos meus medos e abrir espaço para um recomeço.

"Quer tomar uma ducha?", uma enfermeira perguntou.

Meu marido me olhou. Eu respirei fundo e disse: "Agora. Tudo em mim queima".

UM CONVITE PARA RECOMEÇAR

Todo início de vida é um recomeço para todos. Por isso tantas mulheres dizem que renasceram após o parto. A gente deixa muito da gente naquela maca, na água, no chão, no sangue. Foi um caminho até chegar ali. Não é só ficar de cócoras, fazer força e partir para o abraço. Parir é conexão. É presença. É sentir. É não se reconhecer no sentido mais profundo, sujo e delicioso dessa palavra. Não tenho nenhum registro em fotos desse dia, uma pena. Eu queria me ver naquela condição. Eu queria olhar nos olhos daquela mulher e pensar: *Quem é essa mulher? Quem é você que tem uma força inimaginável?* Parir não é força física, não é suportar, não é a força de maneira rasa como nós estamos acostumados a pensar. É entrega. Não é sobre suportar a dor, é ver vida. Viver é sobre acreditar-se.

Levantei da maca, disposta a me entregar. Sabia que essa seria a melhor opção para tudo fluir.

A enfermeira ligou o chuveiro, meu marido colocou a mão embaixo da água para ver como estava a temperatura: "Quente, né?". Não mais do que eu me sentia por dentro. Para mim, estava ótimo.

Fiquei todo tempo comigo. Não soltei a minha mão por um segundo. Abracei a minha alma tão forte até percebê-la desaguar e transbordar em lágrimas, sangue, cocô. Recomeços fazem bagunça. Imagina, então, o recomeço de uma vida?

No chuveiro, a água estava tão quente que eu me perguntava se não poderia me queimar, mas, por dentro, tudo em mim estava em chamas. Queimava e ardia. O medo ainda vinha quando me enxergava em um lugar que nunca tinha visitado antes. Lugar em que eu não reconhecia nada nem ninguém. Os rejuntes dos azulejos estavam por fazer, a luz da lâmpada falhava e, na minha frente, tudo o que via era uma cadeira de plástico dura, daquelas que a gente senta em boteco. Me apoiei nela e jogava meu quadril para trás. A sensação de que estava tudo ótimo durava alguns minutos.

Não sei por quanto tempo meu marido estava agachado comigo. Eu disse que ele iria se molhar e se sujar todo. E ele praticamente me mandou ir à merda com os olhos. "Amor, não me venha com essa", ele respondeu com gentileza. Ele estava entregue também. Eu precisava disso.

Apesar de querer estar ali, ainda estava desconectada e confusa. Pedi para ele me lembrar de respirar, precisava ajustar a entrada e saída de ar com cada onda de contração. E conseguimos. Não sei como, mas ele parecia que sabia quando era a próxima. Não sei se contava mentalmente ou se já estava no ritmo de renascer. Ele sabia a próxima e a próxima. Me olhava e dizia: "Vamos lá? Mais uma. Mais uma, menos uma. Estaremos mais perto de conhecer nosso amor". Eu só pensava que iria renascer, mas mal sabia que, a partir dali, eu me sentiria irreconhecível dentro de mim por alguns momentos.

Pelos meus olhos, ele sabia que eu precisava de água. A dor me fazia perder a noção do tempo. Tudo fluía. Tudo ia em um ritmo que não me pertencia mais.

Ficamos nós dois ali, por minutos, horas... Talvez dias. Dentro de mim, tudo era eterno. Olhei para os olhos do meu marido e sorri. Lembrei-me da nossa primeira meia maratona, em que corremos alguns metros de mãos dadas. Era assim que estávamos ali. Não tinha outra pessoa no mundo que eu queria naquele momento comigo. Não tinha outra pessoa no mundo que sabia o que eu precisava sem que eu precisasse me manifestar. Ele cuidou do meu corpo, cuidou da minha mente, reforçou com seus olhos perdidos que eu conseguiria sem saber o que estava por vir. Eu conseguiria o que nem ele sabia descrever. Ele levantou inúmeras vezes para colocar sabonete nas suas mãos para me lavar. Limpava o sangue que estava em meus braços, o cocô que se espalhara pelo chão e ficara nas minhas canelas. Limpou meu corpo e lavou minha alma com coragem.

"Você é a pessoa pronta para fazer isso", ele me dizia. Mais uma contração, mais uma vez ele apertava meu quadril com suas mãos. Se molhava, me apertava, encharcado, me apertava. Eu expandia por dentro, ele me cercava e esmagava com amor por fora.

A ocitocina latejava no meu peito.

De tempos em tempos, ou de vida em vida pelo que eu estava sentindo, a enfermeira passava ali e entrava como quem ia pegar algo na geladeira na madrugada para comer: "Tudo certo aqui?". Fábio balançava a cabeça e eu sinceramente nem sei se era para realmente responder. Mas, sim, estava tudo certo. Só não sabia que eram essas as palavras que precisava dizer.

"Vamos conferir a dilatação? A médica está aqui."

Levantei-me, sem querer. Confesso que no fundo, lá no fundo de mim, eu queria receber meu filho ali. Entre nós dois. Sabia que nas condições da sua prematuridade ele não viria para o meu colo. Sabia que não iríamos olhar um nos olhos do outro. Sabia que não seria o meu peito que ele reconheceria como seu primeiro alimento. Fiz o que podia.

"Nove para as dez, vamos para a sala de parto?" Era tudo que eu não queria ouvir.

Sala de parto, no caso, era a sala de cirurgia. Luz clara, azulada, forte, na sua cara, bisturis, todo mundo de roupa verde, touca no cabelo, anestesia pronta: mesmo para quem não precisa de nada disso. Me agachei no pé da cama e não tinha forças para falar em voz alta, mas pensei: *Filho, talvez não seja como imaginei, mas vamos ficar bem.*

———

Fui caminhando até a sala de parto. Meus pés estavam descalços. Eu sentia o chão gelado, aquele frio que sobe nas canelas e me distraía um pouco de tudo que estava acontecendo.

Parecia que a torcida do Flamengo estava na sala de parto. Sério. Todo mundo que não estava na sala pré-parto estava ali. Deitada na maca com as pernas para o alto, naquela posição que eu menos imaginava ter, tinham pelo menos seis mulheres me olhando encostadas na parede. Uma mexia no celular, outra olhava com um pouco de pena, outra deveria pensar que meu corpo nunca mais seria o mesmo. Tentei abstrair. Na verdade, precisei fugir. Precisei sair dali. Corri para um outro lugar, onde eu estava sozinha, onde eu recebia o olhar carinhoso da minha mãe, da minha melhor amiga, segurava a mão da minha avó, recebia um beijo do meu marido. Para renascer, eu precisei recriar meu mundo e eu estava fazendo aquilo ali mesmo. Só voltei à realidade para olhar nos olhos da médica, reuni todas as forças que eu podia, ergui meu pescoço para dizer: "Eu não quero episiotomia". "Eu não vou fazer nada que você não saiba e concorde antes", ela disse.

Ali, ganhei um novo fôlego.

Meu marido chegou quase irreconhecível nas roupas do centro cirúrgico. Perguntou como eu estava e eu acho que não disse nada. Ele acariciava meu cabelo e precisei de três forças para conseguir ajustar a força. Para entender que não era força, era tempo. Era ajuste, era sintonia, era vibração, era despedida. Era nosso ritual. Era um portal.

Eu era sua casca. Sua casa.

Era ali, naquele momento, que ele iria conhecer o mundo.

"Eu tô vendo ele amor, os cabelinhos", meu marido me disse. E quando eu menos esperava, Levi estava entre nós. Ouvi seu choro e vi de relance seu corpo sendo levado. Sem reações, eu não sabia o que estava acontecendo e tentei levantar. Tentei buscá-lo.

"Como ele está?", devo ter repetido cinco vezes em menos de cinco segundos. "Ele está bem, a UTI neonatal aqui é ótima. Você foi ótima, precisa descansar." "Ele é lindo, amor. Obrigado por esse presente", meu marido me dizia. "Você carrega e ele quem vê primeiro, né?", uma enfermeira disse e eu pensei o quanto ele merecia.

"Olha ele aí..." Levantei da maca e Levi estava ali. Dentro de uma cuba. Uma caixa nos separava. Algo que eu criei, carreguei e fazia parte de mim, de repente não estava mais comigo. Algo que eu não tive tempo de assimilar que era meu, não era mais. Balancei a cabeça, indicando que podiam levá-lo.

"Você pode visitar quando quiser." Mas eu não queria visitá-lo... Eu queria senti-lo em mim. Eu queria me despedir. Eu queria dar oi. Eu queria sentir seu cheiro. Eu queria viver meu filho.

Por alguns breves minutos, eu fiquei sozinha ali.

Todo mundo saiu da sala.

De repente, eu estava sozinha.

Eu, que pensei que nunca mais estaria só, me vi enterrada em mim. Enterrada em uma solidão que tinha sabor de qualquer coisa, menos de vida.

Eu voltei a ser só eu.

Mas eu só queria renascer mãe.

Eu queria recomeçar.

COMO FOI NASCER, FILHO?

Ninguém sabe como é nascer. Ninguém se lembra. Esse é o mistério ou a dor. A gente não sabe como é chegar ao mundo. Ironicamente essa é a nossa primeira conquista: sobreviver, nos manter, crescer e chegar.

Nossa chegada ao mundo é algo mágico. Infelizmente a indústria dos partos tirou um pouco essa magia quando passamos a ver somente dor. Existe a dor, mas existe a vida. E é isso que precisamos sempre nos lembrar.

Não sei como meu filho se sentiu ao chegar. Queria saber. Saber se sentiu-se acolhido, aquecido, bem-vindo, aconchegado. Imagina chegar o mundo com aquele ar de visita com pressa?

"Oi, oi, tudo bem, boa tarde, vim só te deixar esse pacote, falou." A vida é muito mais do que ter sempre o que fazer e não oferecer sequer um cafezinho.

No dia em que meu filho escolheu para nascer, eu tinha muito o que fazer, incluindo uma entrevista para uma emissora de televisão. Estaria em uma roda de conversa com grandes filósofos e apresentadores, debatendo sobre a felicidade. Entretanto, fui convidada a ter um encontro com a própria vida, ao vivo e em cores.

Ainda que com muitas questões, era a felicidade. Não restavam dúvidas.

Não pude receber meu filho imediatamente nos braços, não pude colocá-lo ao meu peito, não pude passar a primeira hora com ele aninhado em minha pele como sonhei. Não pude. Sobre isso, não sinto muito... não pude, então não pude. Foi a forma como aconteceu. Meu filho foi levado para a UTI neonatal e eu só repetia feito disco quebrado: "Ele está bem? Ele está bem?". Esse era o meu grito enrustido do meu corpo dizendo: "Me tragam ele! Me tragam ele!". Precisava estar junto a ele.

Eu não sei o que teria feito, eu não saberia como fazer. Mas algo dentro de mim dizia que nós nos precisávamos. Era esse nosso chamado. Algo em nós nos plugava e era impossível de dizer que não. Ainda pulsava dentro de mim.

Sou imensamente grata pela chegada do meu pequeno apressado de viver ao mundo. Imensamente aliviada. Não o pude receber. Ele escolheu me visitar de surpresa, como aquela visita que marca para chegar às dez horas e vem às nove, enquanto você está tomando banho e varrendo o tapete da sala. Foi assim que me senti. Uma barata tonta na minha própria casa.

Por outro lado, viviam me dizendo: "Eles escolhem a hora, pois sabem que você está pronta". Eu me agarrei nisso. Desde o dia em que vi o seu positivo.

Meu filho sabia que eu estava pronta. Eu não imaginava.

Descobri isso quando pude segurá-lo em meus braços. Eu não sabia o que fazer, mas sabia que daria um jeito de descobrir. Sabia que não precisávamos de muito.

Agora, seríamos nós para o mundo.

Ninguém sabe como é nascer. Não sei responder a essa pergunta. Nem você. Nem meu filho. Mas eu espero que ele saiba dizer quem o fez enxergar a magia que existe no mundo. A magia de nascer e renascer quantas vezes forem necessárias diante aos convites da vida.

Meu filho foi o acontecimento mais mágico que já me existiu. Era onde eu precisava, era onde eu queria estar. Nós fomos o sinônimo da magia.

Diante de toda dor, houve vida.

Ali, posso dizer que nasci. Cheguei ao mundo de novo.

E desse nascimento, eu não só me lembro. Eu sei.

Nascemos, um para o outro.

MUITO ALÉM DO QUE ME PREPAREI

Para todas as mães e pais de apressadinhos para viver

Ao frio na barriga que antecede aos encontros na incubadora
Ao som dos aparelhos que lembraremos quase como uma música que fez parte de determinado momento da vida
Às muitas e muitas lavagens das mãos
Às repetidas idas e vindas diárias entre casa e UTI que quase furavam o caminho no asfalto
Às conversas afetuosas com outros pais no corredor
Ao abraço ressignificado que é feito pelo dedo indicador
Às fotos, vídeos e notícias para a família
Às conversas e aprendizados com as enfermeiras
À simbologia do tempo
Ao descontrole dos planos
À paz que nos invade mesmo faltando coisas, concretizamos que SOMOS tudo que eles precisam
À comemoração das pequenas vitórias e conquistas
À fé que brota e renasce e floresce constantemente a cada fio a menos
Pela certeza de que tudo acontece por um motivo
E de que o tempo certo é o tempo de cada um.

Inclusive o tempo deles que, aos nossos olhos, parecem apressados.

Por fim, a gente só lembra (e memoriza no coração para nunca mais esquecer) que eles cabiam na palma das nossas mãos.

COM VOCÊ, MAS SEM VOCÊ

Diante de toda premissa do recomeço, lá estava eu. Com sangue escorrendo pelas pernas enquanto caminhava até o bendito banheiro onde tinha passado as últimas cinco horas. Já tinha decorado o desenho dos azulejos antigos e onde era preciso refazer o rejunte. Olhava para Fábio, e ele estava com semblante atônito. Nunca vou saber descrever a sua expressão, como talvez ele nunca saiba contar sobre a expressão que eu estampava em meu rosto. Naqueles segundos de troca de olhares morava o indescritível de nós dois.

Uma enfermeira me assistia tomar uma ducha, me dava apoio para ficar em pé enquanto ele segurava um monte de papéis nas mãos que não fazia ideia do que era. Ele estava parado do outro lado do banheiro, olhando para mim, e disse: "O que foi que aconteceu hoje?", e ria. Um riso novo, riso fresco. Riso de quem viu com os próprios olhos o que sempre sonhou. Eu precisava me abastecer desse olhar, dessa sinergia. E sorri de volta enquanto outra enfermeira tirava os papéis da mão dele e dizia: "Os pais ficam tudo bobos, né? Era para você carimbar o dedo dela aqui, vem cá". A enfermeira pegou minha mão e posicionou o meu polegar no papel.

Nunca vi tanto sangue na minha vida, mas confesso que pensei que seria mais. Afinal de contas, tinha uma vida ali dentro de mim. Ainda havia vida.

Lembro-me da sensação pós-banho. Banho sem sabonete, sem cheiro de casa, só água e o que sobrou de mim para me fazer companhia naquela noite.

"Mais uma vez não tem toalha aqui. Vem cá, minha filha", a enfermeira disse, tirando o seu próprio avental para me secar.

Eu disse que não precisava, e ela me olhou com um olhar como quem diz: "Você precisa mais que eu". Aceitei. Eu precisava. A partir dali, eu jurei para mim mesma que não seria dessas pessoas que não aceitam ajuda, que querem fazer tudo por si. Eu fui assim por muitos anos e estava esgotada. Fiz a promessa para mim mesma que nessa altura da vida, não negaria apoio.

"Acho que vou ligar para os meus pais. Talvez eu não durma hoje!", Fábio disse enquanto tirava o celular do seu bolso.

Foi naquele momento que me dei conta: nossos pais não sabiam de nada. Já era madrugada e meus pais talvez pensassem que eu estivesse dormindo, Fábio tocando violão na sala na companhia dos cachorros. Mas não era bem assim. Os pais de Fábio talvez estranhassem que ele não havia feito a clássica ligação de videochamada que sempre acontece aos finais de domingo, tipo o programa do *Fantástico*. Nada. Ninguém desconfiou, ninguém nem imaginava.

Naquela altura eu nem sabia o que contar ou como começar essa ligação. Enquanto colocava meu avental e enrolava uma toalha entre as pernas até chegar no quarto, eu pedi para me sentar. A atendente perguntou meu nome, eu demorei para responder. Olhava para o nada. Lembro-me claramente das cadeiras cinza à minha frente, da porta com tons de bege e roxo. Parecia que não eram retocadas há anos. Ironicamente, a pintura meia parede voltou à moda. Juntei todo ânimo que tinha dentro de mim para pedir algo para comer. Comi pão francês com manteiga feito um banquete. E era.

"Aqui está seu RG, você está pelo convênio, né? Eles vão autorizar sua estadia, enquanto isso vamos te levar na enfermaria".

Naquele momento eu acordei para a vida. Estávamos com o prazo do convênio em rescisão, ou seja, já sabíamos e tínhamos planejado ter o parto em outro lugar com outra equipe. Ainda bem que eu estava sentada, pois foi impossível não pensar: quanto seria a diária de uma UTI neonatal?

Fábio voltou ainda mais radiante da sua ligação. Contou que todos estavam felizes que, por fim, estava tudo dentro dos conformes e estávamos bem e com acompanhamento, mas que não poderiam viajar nos próximos dias para nos visitar.

Chegamos no quarto e nos deitamos. Fábio passou em casa e trouxe algumas coisas para nós. Na nossa mala da maternidade que, na verdade, era uma sacola plástica de mercado, tinham fraldas para mim, uma banana, um travesseiro e meias.

A primeira fralda que meu marido trocou foi a minha. Trouxe meu travesseiro pois sabe que assim me sinto mais em casa; lembrou que eu adoro comer banana pela manhã e me sinto abraçada quando coloco meias nos meus pés.

Tudo para se certificar de que eu estaria bem de alguma forma e sem correr o risco de passar por qualquer detalhe que não fosse agradável.

Toda intenção valeu a pena. Mas era confuso. Se me ligassem ali eu não saberia responder às perguntas básicas de quando um filho nasce: "Quanto pesa? Como é? Quem puxou? Mama bem? O cheiro é uma delícia, né?". Era alegre e triste. Era repleto e vazio. Estava bem acompanhada, mas sozinha. Era desesperador e, ainda assim, tudo que eu quis viver.

Eu não saberia reconhecer o choro do meu filho em meio ao de outros bebês. Eu não tive tempo de decorar seu rosto. Ao meu lado, não tinha nada com cheiro de sabão de coco, nenhuma minirroupa para me fazer sorrir, e a mão na barriga murcha, que ainda estava com contrações, não me consolava mais.

Não havia me preparado para passar por tudo isso e ainda me sentir só. Ninguém se prepara para isso.

Foi o momento em que mais me senti sozinha em toda a minha vida. Com ele, mas sem ele. Ele existia no mundo, mas não estava comigo. Mas, ainda assim, esse era o nosso início. Antes de o sol nascer, cada um esticou as mãos em sua maca. Nossos dedos se entrelaçaram, e pude sentir seu ritmo. Estávamos com o coração nas mãos, esperando pelo amanhã em que veríamos nosso filho.

O início de um caminho sem previsões e muitas adaptações. Era o início da nossa vida. Era o fim daquela madrugada tão cheia e tão vazia, em que antes de fechar os olhos eu sorri lembrando que em outro cômodo, em outro lugar no mundo, o coração do meu filho batia.

Por esse amanhã, a partir daquele dia, sempre valeria a pena estar vivo.

A NOSSA HORA DOURADA

A rotina de UTI neo era como cutucar uma ferida, aquela ferida pequena, incômoda e ardida. *Como não saiu como planejamos? Por que não pensamos nisso? Talvez se tivéssemos comprado tudo...* eram tantos pensamentos em menos de um minuto que eu já não pensava em nada. No dia seguinte, eu me sentia anestesiada.

Nessa hora, tentei ser prática: o que eu poderia fazer para resolver meus incômodos enquanto esperava a médica chegar para entrarmos na UTI? Primeiro, telefonei cedo para os meus pais, que ficaram atônitos, e fiz questão de reforçar que estava tudo bem e poderiam dirigir com calma. Segundo, comi. Estava quase desmaiando de fome e me senti melhor após comer três pães. Terceiro, respondi aos e-mails de trabalho como se nada estivesse acontecendo, pois meu grande receio era de cancelarem qualquer contrato. Quarto, avisei minhas amigas próximas. Ironicamente eu já tinha salvado no celular aquele modelo de layout para enviar aos grupos de família, avisando que Levi tinha nascido. Só não pensei que o usaria antes da hora.

Tudo isso aconteceu antes das sete da manhã.

Batem na porta: vejo meu pai e minha mãe. Da porta, minha mãe, diz: "Vocês estão ótimos, que bom!".

Ao longo da vida, eu me lembro de muitos olhares deles para mim. Esse olhar, nesse momento, era diferente de tudo. Era como se eles quisessem me tirar dali, daquele lugar, daquela condição. Meus pais já frequentaram uma UTI neonatal, então sabiam que estávamos com o coração nas mãos. E tudo que eles queriam era dar as mãos e ser força também. Ali, naquele momento, recebi o abraço da minha mãe, algo de que nunca vou me esquecer. Era tudo que eu precisava para acabar com meus incômodos.

"Vocês podem conhecer o Levi, só os pais", disse a enfermeira.

Meus pais precisaram retornar a São Paulo, enquanto eu e Fábio fizemos um caminho que iríamos repetir por mais alguns dias: corredor vazio, carteirinha, deixar pertences no gaveteiro, higienizar as mãos.

Nunca tínhamos entrado em uma UTI neo antes. Eu não sabia que estava dando de cara com a experiência que mudaria completamente a minha vida em apenas uma semana.

"Vocês são..."

"Isadora, mãe do Levi." Foi a primeira vez que senti a força que meu nome ganhava.

Meu marido, ainda com um sorriso estampado em seu rosto, me envolvia sempre perto e tirava as dúvidas com as enfermeiras, perguntando sobre tudo. Confesso que eu estava confusa. Eu nunca imaginei que conheceria meu filho por um vidro. Era algo que não passava pela minha cabeça. E de longe, enquanto eles conversavam, eu vi. Um minipé, o som dos aparelhos medindo sua respiração.

"Esse é o Levi, que nome diferente!"

Poderíamos ter passado horas ali. Não sei quantos, mas foram minutos eternos e congelados. Eu me lembro da limpeza do vidro, de tocar seu dedo, o calor do seu corpo e de olhar cada dedo das mãos e dos pés. Eu sentia um calor no peito, uma onda de tudo de mais especial que já vivi e tudo de mais confuso que já senti.

Levi era além.

Uma parte profunda de mim, uma parte profunda do meu grande amor. Era como conhecer alguém especial que eu não via há algum tempo. Era como carregar um mundo novo em meus braços que, de repente, fez com que tudo ao meu redor pudesse esperar. Era um mundo sem urgência. Sem pressa. Sem espaço para ódio. Era uma maquete do zero.

Levi foi o botão de reiniciar da minha vida. Mesmo sem estar no meu colo, vivemos a nossa hora dourada juntos. Nos olhamos, tocamos, eu disse quanto o amava sem ainda entender a dimensão desse amor. Contei que precisava dele comigo. Éramos um time. A partir dali, éramos nós contra o mundo.

"Levi está ótimo! Foi só pressa mesmo, né? Está superbem! Vocês podem voltar quando quiser, após a avaliação da fono você pode começar a amamentação. Você tem leite?"

"Não sei, eu..." "Passa no banco de leite que fica lá fora, logo ao lado da nossa porta, está bem? Lá vão te orientar".

No banco de leite, fiz minha primeira ordenha. Uma gota. A enfermeira me informou que era assim mesmo e que eu precisava sempre me lembrar de bombear, ali ou com a bomba manual. "É assim mesmo, você está ótima. Essa gota é ouro. Olha só a cor!"

Nunca vou me esquecer do rosto de ninguém ali. Todos nos trataram com muito carinho e respeito. Um afeto tão grande que eu não saberia descrever. Nesse dia, cruzamos a porta da UTI neo e nos abraçamos. Um abraço de quem confia e acredita. Abraço de quem sabe que está junto para tudo.

Realmente, aquela foi a primeira das muitas visitas que fizemos para Levi em um único dia. Decoramos cada processo, tudo já estava mais familiar. Dormir e viver ainda era algo estranho. Éramos pais, mas não tínhamos o bebê. Eu não me sentia mãe e tentava não pensar nisso ainda. Tentava viver uma coisa por vez. Buscava ver pelo macro: ele está bem.

Todas as noites estavam vazias. A pior parte do dia. Era como fechar os olhos sem saber se era tudo um sonho. Eu olhava o meu celular para administrar um pouco a saudade. Ainda assim, ir era a pior parte. Todos os dias, eu ia embora sem ir. Sempre deixava um pouco de mim ali pelo caminho. Sempre sentia aquela ferida incômoda arder. Ia, mas não voltava. Ia, mas não dizia: "Tchau, filho". Eu ia... mas como poderia me despedir de uma parte de mim?

Naquela noite, eu sussurrei no seu ouvido: "Eu vou, mas eu volto. Eu sou sua mãe. Eu sempre volto".

Eu ia, mas não via a hora de voltar.

Part-ir.

Parte um pouco.

Outra parte agradece.

Algumas partidas são necessárias para um dia ir... inteiro.

O mesmo tempo que apressou, com o tempo, vai cicatrizar.

QUEM CUIDA DA

mãe

(enquanto te conheço, me reconheço)

PARA QUEM ESCOLHEU (RE)NASCER

Para a mulher recém-parida.

Saiba que você não está só. Por mais que pareça, por mais que você se sinta.

Saiba que você está construindo uma vida. Por mais que os dias se repitam tanto e pareçam todos iguais.

Saiba que os seus órgãos vão se redescobrir nesse seu espaço, por mais perdidos que eles pareçam agora.

Saiba que, não importa quanto você ache que sabe tudo ou chore porque não sabe de nada, o que importa é quanto você se dispõe a aprender.

Saiba que a saudade aperta, é um calo, um corte chato de papel no dedo que arde no meio do dia, um buraco no peito que a gente aprende a não só suportar, mas a transcender o presente além da presença.

Saiba que a falta de ajuda faz falta mesmo. Suga, consome. Por mais que você pense que precisa dar conta de tudo, você vai perceber que o melhor remédio agora são a flexibilidade e os níveis de prioridade.

Saiba que, por mais sem energia que você possa se sentir, o clichê se encaixa aqui: basta um sorriso aleatório dessa pequena vida para te fazer lembrar do que realmente importa e vale a pena se doar.

Saiba que você não precisa se sentir culpada, seja lá qual for a culpa da vez. Por mais que a gente pense que o melhor remédio seja planejar tudo, voltar ao que era antes logo, o segredo está na verdade em aprender a se acolher quando tudo sai dos planos, a não criar expectativas e a recomeçar todos os dias.

Saiba que, se você esperou a vida toda para viver esse momento, por mais que nunca tenha imaginado viver em meio ao puerpério do mundo, essa vida te escolheu. Escolheu a hora dela, a hora de vocês. O momento de nascer, para você renascer junto com o mundo.

Você consegue, pois vocês se têm. E isso, não preciso nem te dizer... Você sabe. Sente. Cabe o mundo inteiro em seus braços. Você está no seu espaço, por mais que ainda não o conheça. Você nasce todo dia junto a essa vida, a sua e a do mundo. Permita-se.

Para quem escolheu (re)nascer:

É em você que se constrói o amanhã.

PEITO CHEIO NA MADRUGADA VAZIA

Quase uma semana da chegada do meu filho. É o que eu pensava enquanto dava um gole de café da janela do seu quarto às cinco da manhã. Lugar onde tem o nascer do sol mais bonito da casa. Antes de ir para a UTI, faço a rotina de ordenha no seu quarto e vou ao encontro da janela. Ali, avisto o céu e o céu me visita. Não sei suas cores, não sei como serão seus raios de sol ou se estará desbotado. O céu faz do desconhecido um espetáculo.

Essa foi a semana mais confusa da minha vida. Misto de euforia com medo, amor com uma infinidade de dúvidas que talvez o meu olhar entregasse de longe para qualquer um. A atendente na entrada do hospital já nos conhecia, não precisava mais dizer meu nome. Sorria e recebia a etiqueta em que estava escrito "RN DE ISADORA". Todos os dias, quando entrava e saía do hospital, eu olhava para essa etiqueta, e era nela que eu me reconhecia. Era ali, naquele mero detalhe, que eu me via mãe.

Meu recém-nascido. Meu filho. Eu tenho um filho, ele só não foi para casa.

Segundo todo o acompanhamento, Levi estava muito bem de saúde e evoluindo um pouco a cada dia. Devido a uma icterícia, ele precisaria fazer banho de luz por alguns dias. Nosso medo maior, de má-formação ou dificuldade para respirar, não nos atormentava mais tanto assim. A saudade, no entanto, esmagava o nosso peito. Então eu procurava não racionalizar sobre tudo. Tentava de todos os modos absorver essa fase que, de certa forma, o céu do dia nos oferecia.

Ali, na UTI neo, conhecemos mulheres especiais que todos os dias nos ensinavam muito: trocar fraldas, banho, amamentação, mas, acima de tudo, a entrega. Todos os seus movimentos pareciam ser calculados. Toda a movimentação era feita com precisão e calma. Era possível sentir a confiança que cada uma delas tinha em limpar, organizar, alimentar, trocar, examinar. A cada segundo ali, nós presenciávamos a manifestação do ato mais humano que poderíamos reaprender: o cuidar. Algo que, infelizmente, tornou-se tão raro.

Todos os dias era o mesmo ir e vir entre a nossa casa e a UTI. Eu aproveitava alguns intervalos da amamentação para tomar banho, esticar a coluna que já estava envergada de me sentar naquela cadeira de plástico e fazer a higiene de alguns pontos da laceração natural. Depois, corria para ajudar meu marido a instalar a cortina, adiantar a comida para congelar, finalizar alguns trabalhos e comprar o que faltava para quando Levi chegasse.

As manhãs sempre foram o meu horário preferido. Nessa etapa, eu vivia por esse vai e vem, pois, durante a noite, o peito estava cheio e a madrugada ainda era vazia. Eu acordava a cada duas ou três horas para bombear e estimular o fluxo de leite. Todos os dias dessa semana, as madrugadas foram como uma punhalada no peito.

Eu não sei como meu peito aguentava — não o incômodo de bombear, mas a saudade. A falta. O vazio. O sonho concretizado, mas ainda não o ter.

Todos os dias eu via o nascer do sol na janela do meu filho. Ali é sublime. A luz é diferente. Sempre tem uma coisinha ou outra para ajeitar, e a gente sabe que quando ele chegar provavelmente vamos mudar tudo de lugar. Afinal, a vida vai começar a ser vivida de verdade.

Antes de ir, eu sempre sentia um frio na barriga, uma queimação no peito. Sabia que preencheria minha falta, mas voltaria com um pouco mais de saudade. Todos os dias de manhã chorava um pouco, imaginando quando veria aquela luz com meu filho nos meus braços. Enxugo as lágrimas e me preparo para mais um reencontro. Já era o sétimo dia de UTI neonatal e, antes de irmos, perguntei para o meu marido se deveríamos instalar o bebê conforto no carro. Ele sabia o que eu queria dizer com aquilo, sentia minha esperança de que voltaríamos juntos, sentia a ansiedade de querer olhar pelo retrovisor e ver mais um espaço preenchido. "Vamos. Pega a malinha dele e eu instalo a cadeirinha."

Não há nada maior do que sentir esperança.

Naquele dia fizemos o mesmo caminho de sempre, passamos pelas mesmas lombadas que já conhecíamos de cor, acenamos para o mesmo segurança, demos as mãos no mesmo elevador, sorrimos e pegamos nossas etiquetas. Naquele dia eu me sentia mais perto da vida que imaginava ter. E foi naquele dia que a médica, olhando entre papéis, formulários e exames, disse: "Levi está ótimo, com a amamentação fluindo, peso legal e exames bons, não vejo motivos de mantê-lo mais aqui. Vocês estarão mais seguros em casa".

Não entendi bem o que ela quis dizer naquele momento, mas eram tantas informações que ela disparou a falar depois que eu deixei estar. Na verdade, fazia pelo menos uma semana que o mundo para mim estava em modo "pause". Tudo poderia esperar. Eu não tinha mais olhos, ouvidos e cabeça para nada.

Enquanto esperava a papelada, me sentia aliviada o bastante para assistir à televisão e acompanhar as notícias. O mundo estava em um puerpério junto comigo e eu não sabia. Tinha lido e ouvido algumas notícias dos últimos dias sobre o coronavírus, mas não tinha me aprofundado nas informações. Estava com a cabeça na partolândia, depois de amamentar, pensando na hora de irmos para casa e recebermos visitas. Nesse momento entendi a fala da doutora, "Vocês estarão mais seguros em casa", mas também compreendi que nada seria como eu tinha imaginado.

A essa altura, estava disposta a viver um dia por vez. Precisava ser assim.

A vida não nos tira dos trilhos à toa. Depois de uma semana de UTI, eu estava com meu filho no colo, sentada na janela do seu quarto olhando aquela luz, aquele nascer, o nosso renascimento, o princípio da nossa vida juntos.

A vida não nos tira dos trilhos à toa, e, ainda que seja um caminho aparentemente mais intenso, é sempre uma boa hora de olhar para o céu e ver suas cores: isso sempre nos faz resplandecer por dentro.

"Quando estiver difícil, olhar pro céu ajuda", eu falei, apontando para a janela sem imaginar que ainda veríamos muitos nasceres e pores do sol ali juntos. O espetáculo do desconhecido.

Daqui para a frente, hoje é um céu por vez.

NINGUÉM ME AVISOU

"Eu não sei acalmar meu filho", eu disse aos prantos no pé da cama enquanto Levi chorava sem parar. S-E--M P-A-R-A-R. Por onde respiram em uma hora dessas? Como é humanamente possível chorar por tanto tempo? Eu desconhecia.

Passaram-se horas e vidas naquele quarto. Não sei, pois o tempo cronológico não existe, parece apenas uma prova de resistência. Acredito que envelheci por cinco anos naquela noite. Nunca poderia imaginar como o choro de uma criança pode mexer com tudo dentro da gente. Com tudo. É inimaginável.

"Uma coisa é gostar de criança, outra coisa é ter um filho", foi uma frase que ouvi uma vez da minha mãe e nunca me esqueci, ainda que, naquela fase, eu não entendesse o que ela queria me dizer. Outra frase boa foi: "Ser tia é uma delícia; só fica com a parte boa". Eu achava exagero. Achava que a diferença não era tão grande assim.

Não quero assustar ninguém com essas palavras, nem te fazer desistir de ter um filho, mas também não sou ninguém para te convencer a ter um. Filho é realmente uma decisão tão individual quanto o tanto que você vai se entregar a isso. E, por mais que se tenha uma rede de apoio, ninguém poderá fazer isso por você.

A maternidade para mim é uma chuva de "ninguém me avisou". Olha, eu sou daquelas que aproveitou toda mãe que cruzou o meu caminho para perguntar tudo. TUDO. E toda mãe só me falava sobre o amor. Legal, essa parte parece fácil de viver, me conta os podres. Era para isso que eu queria me preparar e saber.

Na verdade, nessas conversas não me contaram só a parte boa, gostosa e repleta de amor. Quando meu filho nasceu, eu comecei a entender: meu filho é único. Cada mãe é única e essa fase é única na minha vida, e nada vai se repetir completamente.

Nenhum dia se repete, ainda que pareçam ser todos iguais.

Nenhum bebê é igual, ainda que pareça vir com um manual.

Nenhuma mãe te dirá exatamente o que deve fazer, pois ela aprendeu a ser mãe com um bebê que não é o seu filho.

Dizer isso em voz alta me dava forças para me entregar àquele momento, seja no cheirar daquela cabecinha ou no choro incontrolável que, somado ao cansaço, entrava como uma agulhada nos ouvidos e no meu coração.

Nenhum dia vai voltar.

Nenhum dia será igual.

Ninguém me avisou, mas aprendi nessa primeira noite sozinhos.

Então, meu marido entrou no quarto e eu já estava preparada para responder, sem retomar o fôlego entre as palavras: "Eu não faço ideia do que está acontecendo e talvez eu não saiba como fazer parar, então só estou com ele no meu colo". Mas ele não perguntou nada. Sentou-se ao meu lado e nos abraçou.

Tem horas em que talvez não possamos fazer nada além de estar perto. Nada além de sermos presença. Era o que meu marido fazia ali para mim. Era o que faríamos a madrugada inteira para o nosso filho.

Ninguém me avisou que nem sempre seríamos suficientes. Ninguém me avisou que acolher o choro significa não calar e nem sempre cessar, mas estar presente. Ninguém me avisou que depois de um dia a gente fica craque em trocar fralda, isso é o de menos para se preocupar. Ninguém me avisou que o contato físico é realmente mais importante do que qualquer quartinho decorado. Ninguém me avisou que eu seria capaz de dormir sentada, pois foi a posição em que meu filho dormiu. Ninguém me avisou que nem sempre o peito resolve. Ninguém me avisou que a privação de sono dói fisicamente. Ninguém me avisou que a memória não seria mais a mesma. Ninguém me avisou que tudo ao meu redor se tornaria completamente insignificante... incluindo eu.

Todo mundo me avisou sobre o amor. Amor que dá contorno para que tudo possa se aprofundar e transbordar. Só que, até construirmos essa margem, eu me afogaria um pouco em mim mesma, em nós e na nossa rotina.

Lembro como se fosse hoje daquela noite. Passamos em claro, deitados juntos e tentando entender que tudo que construímos dentro de nós até então seria entregue. Nossa atenção, disposição física, disponibilidade emocional e destreza.

Naquela noite eu aprendi que nenhum dia é difícil para sempre.

Nenhum dia se repete.

Eu não podia esperar que me avisassem sobre tudo.

Aquela maternidade era minha.

Isso acalmou meu coração, que acalmou o meu filho.

UNIVERSO PARALELO E INIMAGINÁVEL

"Qual o melhor momento para ter um filho?" Era uma pergunta que eu e meu marido nos fazíamos com certa frequência. Passavam pela nossa cabeça todas as possíveis e impossíveis situações...

Agora, corta para 2020.

Anos ou meses atrás, se me dissessem que, quando meu filho nascesse, o mundo estaria passando por uma pandemia, ficaríamos isolados em casa, sem sair para nada, limpando as compras do mercado com álcool, sem contato com a família, sem receber visita e que o novo normal seriam todos de máscara com distanciamento social, provavelmente nas futuras fotos de família eu diria: não é possível. Pois é. Incontrolável, como a maternidade é.

Meu filho nasceu prematuro de trinta e três semanas, exatos dez dias antes de o isolamento social começar. Eu estava física e emocionalmente tão envolvida com seu nascimento antecipado que lia as notícias do mundo e parecia que não as absorvia direito, era como se fosse algo muito distante. Eu estava preocupada em como amamentar e em organizar minimamente a casa para receber o meu filho.

Lembro-me do meu marido me falando para lavar as mãos religiosamente, passar álcool em gel, levar minha garrafa de água, não passar as mãos no rosto. Aquilo tudo parecia só um cuidado a mais de quem estava passando praticamente o dia todo na UTI neonatal.

Minha ficha caiu quando a pediatra deu alta da UTI para Levi e nos disse: "Nesse momento a casa de vocês é mais segura que aqui". Foi quando percebi que viveríamos essa fase de uma forma completamente diferente daquela com que qualquer mãe e pai sonham.

Nossa ida para casa teve um sabor agridoce. Estávamos com nosso filho, nosso maior sonho nos braços, mas só o nosso colo para revezar. Meus pais tiraram férias, os pais do meu marido viriam para São Paulo ficar alguns dias, nossos irmãos e amigos estavam planejando um rodízio para nos visitar, mas nada disso pôde acontecer.

Levi veio como um divisor de águas na nossa família.

Essa jornada, que já é naturalmente tão desafiadora e ao mesmo tempo apaixonante, veio para estreitar ainda mais nossos laços familiares: agora éramos apenas nós por nós.

Precisaria ser suficiente.

Precisaríamos conseguir aproveitar cada dia único que não volta mais.

Era o imprevisível nos convidando a nos entregarmos não só de cabeça, mas com tudo que existe dentro de nós para sugar cada dia de vida do nosso filho.

Abri meu coração para fazer brotar a coragem. Coragem que eu pensei que precisava manter acesa pelos próximos quinze dias de isolamento — ingênua.

Apertei um botão de bloquear na minha mente. Me tranquei em casa e não me permitia pensar em tudo que estava acontecendo. Parar e pensar que minha mãe poderia estar comigo, que poderíamos ter um colo a mais para descansar, ajuda para limpar a casa, colocar água nas plantas, pôr ração para os cachorros, uma espiada no bebê enquanto um toma banho e o outro tira o lixo e dobra roupinhas, olhar meus pais carregando e beijando meu filho... Era pedir para chorar. Era um convite para sofrer. Eu não tinha esse tempo. Eu precisava dar para o meu filho o mundo que ele merecia encontrar aqui fora.

Quando me perguntam o que mais me fez falta nessa fase, eu não sei dizer. Tudo? O mundo? Sorrisos? Hoje sei que, apesar de não ter apoio enquanto ainda sangrava, precisar trabalhar, cicatrizar os pontos de uma leve laceração natural, não dormir uma noite inteira pelos primeiros dez meses, o que mais me fez falta foi não ouvir outros barulhos pela casa. Não ouvir o som de outras risadas, não sentir o cheiro do bolo da minha mãe, do abraço do meu irmão, de desabafar olhando nos olhos das minhas amigas.

Sentir. Eu sentia falta de sentir o mundo, não uma simulação dele.

Em meio a todo esse cenário imprevisível em que o mundo está, enxergamos uma chance de ressignificar essa fase, como se fosse possível. As conversas diárias por meio de ligações, as chamadas de vídeo em que ríamos e imaginávamos como seria explicar para o nosso filho que a família dele estava toda fantasiada de ninja quando ele nasceu, o suporte emocional em forma de mensagens no WhatsApp: essa é a nossa nova forma de abraçar.

A pandemia me privou de momentos que não poderão mais ser vividos. Meses depois, eu senti um ódio violento em meio a todo o cenário político e social do Brasil.

Mas, nesse começo, eu precisei criar um outro universo a fim de viver esse convite para me entregar.

Esse foi o nosso momento para ter um filho. Quando não nos falta entrega de corpo e alma, não falta colo, não falta vontade de improvisar junto aos imprevistos da vida. São essas diversas formas de abraçar que fazem a vida valer a pena. É para isso que estamos contando os dias.

Enquanto o mundo lá fora se mascara, aqui dentro eu não posso me esconder. Eu preciso ser mãe. Preciso me descobrir mãe. Preciso viver meu filho.

Aqui dentro, eu vivo cada dia uma vida. Cada dia eu me lembrava de que o meu melhor momento tinha chegado e eu não poderia perder nem um segundo desse milagre. Não poderia perder a chance de apresentar ao meu filho o nosso universo.

Esse era o nosso — inimaginável — momento. E foi o melhor.

EU QUERO A MINHA MÃE!

Eu nunca soube pedir ajuda. Desde muito nova eu carregava comigo a ideia de que é preciso aguentar tudo para ganhar aquele tão desejado título de "ser forte". O selo de reconhecimento. Minha sorte é que eu nunca me afoguei de verdade: eu não gritaria. Não pediria para ninguém me salvar.

Nunca soube pedir colo. Nunca gritei por socorro. Eu sempre pensava, se eu precisasse usar a minha voz para gritar, por que pedir ajuda? E, assim, fui naufragando dentro de mim.

Não por achar que eu sabia de tudo, por achar que ninguém estaria ao meu alcance, mas por achar que precisava aguentar. A vida era, para mim, uma prova de resistência.

Antes de engravidar, eu vinha trabalhando isso dentro de mim. Conversava mentalmente que eu precisaria compreender que somos mais quando somos juntos.

A vida deu o seu jeito de me mostrar.

Até esse ponto eu não tinha tido nenhum choro involuntário. Sério, eu vivia à espera desse momento. Até que chegou.

Um dia, Levi tinha feito o maior cocô de todos os tempos. Sério. Pensa em um cocô mole, laranja e a jato. Foi assim. Disparado por todo lado, não sabia nem por onde começar. Então, eu fui muito madura nessa hora e comecei... chorando.

Eu disparei a chorar, como se a vida terminasse ali. Como se eu não pudesse fazer mais do que chorar. Como se chorar e respirar fossem a mesma coisa. Eu soluçava. Eu tinha vontade de berrar, de sair correndo, de me esconder, de voltar para onde eu não lembrava como era... eu queria o colo da minha mãe.

Eu me afogava no meu próprio choro. Até que eu sabia o que precisava fazer. Eu precisava dizer. Me atropelando entre as minhas próprias palavras, eu disse em voz alta, enquanto olhava para o meu filho todo cagado: "Eu quero a minha mãe!".

Eu queria voltar a ser filha. Só por um instante. Queria que alguém me falasse que tudo ficaria bem na minha própria bagunça. Queria me aquecer dentro de um abraço familiar do qual naquele momento eu estava sendo privada.

Eu chorava e limpava meu filho. Ele me olhou por alguns instantes. E não sei por quê, mas eu disse: "A mamãe também é filha, é só isso, tá?".

Talvez essa tenha sido a minha forma de justificar o meu choro que parecia ser tão imaturo, ou uma maneira de explicar que a vida é um pouco além de mim e que um dia ele encontraria amparo em outros braços também.

Eu continuava chorando enquanto o vestia, continuei chorando enquanto o amamentava. Usei todas as fraldas de boca que eu deixara no sofá espalhadas. E, por alguns minutos naquela madrugada solitária comigo mesma, ri sozinha pensando que seria por isso que recomendavam ter tantas fraldinhas de boca: secar as lágrimas insistentes das puérperas que não deixariam de rolar.

Lembro-me da sensação de alívio que aquele dia me trouxe. Nunca vou me esquecer. Lembro-me de me olhar no espelho e me sentir ridícula por alguns segundos e depois rir de mim mesma por me achar tão atraente com o nariz inchado e olhos pequenos de tanto chorar. A atração pela minha vulnerabilidade era algo novo para mim. Era algo que eu deixava amorcegado, eu filtrava, eu peneirava o que poderia ser útil para mim.

Meu filho fez tudo desaguar em um tsunami de emoções em uma quarta-feira de madrugada.

Encontrei meu marido no corredor, e ele me perguntou: "Como você está?".

E eu disse, com toda a confiança que jorrava pelo meu peito: "Melhor agora".

Depois desse dia, assim como nunca adiei travar uma nova batalha de trabalho, nunca adiei um choro. Parava tudo para chorar antes de continuar a vida.

Eu tinha encontrado humanidade dentro de mim.

Estava pronta para continuar a cuidar e me permitir ser cuidada. Estava pronta para pedir o colo da minha mãe, mesmo com vinte e nove anos — eu não me afogaria mais sozinha dentro de mim.

EM LOOPING DE AMOR E OUTRAS COISAS

Podemos ler tudo, perguntar tudo e pesquisar tudo a respeito, mas não dá para prever tudo. E isso é, exatamente, tudo que mães e pais desejam: que caia um guia no colo e mostre como lidar com toda a reviravolta que acompanha a chegada de uma nova vida.

Mas a vida não é sobre saber o caminho. É sobre encontrar sentido.

Não falo de surpresas ou situações muito inusitadas, mas de como a rotina pode ser extremamente densa, deliciosa e enlouquecedora.

Entramos rápido nesse fluxo da vida com um bebê: troca fralda, lava roupinha melada, dá colo, peito, troca, lava, peito, colo, peito e colo e mais peito. Não tinha espaço para muita coisa além disso. Nos revezamos com os cuidados básicos da casa e demos continuidade a tudo que aprendemos com as enfermeiras da UTI. Seguimos normalmente com alguns trabalhos que não poderíamos parar ou recusar — vai lá saber no que essa pandemia daria? Além do mais, alguns trabalhos do meu marido já estavam sendo cancelados ou com pagamento em atraso. Ainda assim, estávamos entregues e banhados ao cheirinho de sabão de coco.

O primeiro mês foi uma overdose de ocitocina. Era muito para sentir, ver, aprender, conhecer e viver. Era tudo muito aflorado e alimentado pela ânsia de estarmos colados um ao outro. Sabe quando você espera uma visita muito querida chegar e, quando pisa em casa, você faz de tudo para receber bem e não a deixar ir embora? Era isso. Depois de sete dias indo e vindo, nós queríamos que o nosso cheirinho de casa fosse impregnado no nosso filho. Queríamos que ele se sentisse em casa. Nós nos sentíamos assim com ele.

Mesmo em meio a tantas dúvidas, não deixamos espaço para pensar que não sabíamos o que estávamos fazendo. Rimos quando o cocô mole escapava da fralda, passamos um dia inteiro tentando enfiar o bebê no bendito sling somente para que ele começasse a chorar quando finalmente conseguimos, e erguíamos os ombros quando um perguntava para o outro: "Isso está certo? É assim?". Não queríamos provar que éramos os melhores pais, não tínhamos por que disfarçar que já passamos ou sabíamos como fazer tudo aquilo. Éramos nós sendo pais pela primeira vez — sem julgamentos.

Em meio a todo o amor, também existe uma dose de loucura.

As contas, a casa, os cachorros, os amigos, a família, mensagens no WhatsApp continuavam a mesma coisa, mas a nossa vida, não. O café era feito às pressas e deixado ao lado da cama para mim, ensaboava o corpo com rapidez, respondia uma mensagem toda errada pois os olhos miravam um novo ser, descansava pensando se o outro estava bem relaxado, marcava de falar com uma amiga, mas não sabia se estaria com a casa em silêncio ou acalmando uma crise de cólica que não cessaria em menos de duas horas. Não era neurose, nem exagero, era ser mãe. Como todas as mães nos narravam, mas era difícil imaginar.

—

Em meio a tantos testes, aprendizados, amor e diversão, existia um frio na barriga. Não era medo, era a consciência de que toda aquela doação para o outro uma hora iria pedir para voltar para si... E eu não queria voltar para mim. Descobrir aquele mundo, por mais cansativo e enlouquecedor que fosse, era novo, era parte de mim. Eu sabia que viveria uma espécie de quase crise da adolescência mais uma vez. Só de pensar em me reconhecer, dava arrepio na espinha — eu já tinha ideia do trabalho. Não queria mexer nisso agora.

Nossa vida entrou em um grande looping de peito, soneca, fralda suja, choro, peito, fralda, tentativa da soneca, sol no peito e fralda suja. Alguns dias eu não fazia ideia de que dia da semana era, outros dias eu me perguntava quantos anos tinham se passado e eram só dez horas da manhã. Era imprevisível, surpreendente, exaustivo e delicioso.

Dá vontade de sair correndo e dá vontade de viver aquilo para sempre.

Ler e me informar um pouco acerca de tudo me ajudou a encarar com mais clareza essas fases. Saber que nossos três primeiros meses (o período de exterogestação) seriam de contato pele a pele extremo, um bebê que ainda não tinha maturidade para dormir e se alimentava quando quisesse e que ter gases podia ser algo completamente desconfortável, ainda mais quando você ainda não sabe o que é soltar um pum, não tornou nada mais fácil, mas nos fez sentir que tudo era normal. Não precisávamos "curar" nosso filho de nada. Ele estava sendo o que era, um bebê.

De tudo, eu não imaginava que meu filho tão pequeno e ainda sem perceber o mundo à sua volta me ensinaria tanto sobre empatia. Todos os dias era um convite para me colocar no lugar dele, o tempo todo, a todo momento. Sempre quando algo — como um choro incessante, necessidade de sucção ou colo o dia todo — começava a ganhar um sabor enlouquecedor, era nele que eu pensava. Naquele pedaço de gente que estava descobrindo o mundo, descobrindo a vida, descobrindo sua família e a si mesmo — eu não tinha tanta ideia do trabalho.

Podemos ler tudo, perguntar tudo e pesquisar tudo a respeito, e é importante que façamos isso mesmo. Mas não dá para controlar tudo, é impossível prever tudo: nem o trabalho, nem o amor, quanto menos a vida. Viver em busca de respostas prontas nos esgota mais do que reformular novas perguntas. Uma nova vida nos ensina que saber o caminho não nos garante uma boa jornada. Mas encontrar sentido na miudeza dos dias, sim.

Eu imaginei que era delicioso e enlouquecedor esse novo looping de ser mãe.

Era só o começo, e até ali era a ocitocina que me guiava. Assim tudo fazia sentido.

NUNCA MAIS FAREI NADA DA MINHA VIDA

Alguns anos atrás, ninguém falava nada sobre essa palavra: puerpério. Soa forte e intensa. Quase um palavrão. Algo nesses fonemas carrega um peso e uma profundidade libertadora. Não é só a palavra, é também na pele.

Honro o caminho que muitas mulheres percorreram antes e por mim para que eu pudesse me informar, conhecer e me preparar — na medida do possível — para quando esse momento chegasse. De tudo que li, o puerpério era o que mais me assustava.

Como me preparar para uma reação do meu corpo que não sei ainda qual será? Sem saber quanto tempo pode durar? Vou conseguir ter olhos para o que se passa dentro de mim? Como prever se vou chorar descontroladamente ou se vou querer fugir?

Era muita coisa. É muita coisa.

Horas depois de parir me veio o convite, como um envelope tímido passado por baixo da porta em meio a todo aquele vendaval de sentimentos. O corpo recém-parido, o peito rachado, o corpo se reacomodando, útero comprimindo, o desaguar sem freios pelos olhos, a responsabilidade de ser alimento junto aos hormônios descompassados, a procura de um novo equilíbrio... Era uma revolução de dentro para fora. Depois do parto, esse foi o momento em que mais pude compreender como nós, seres humanos, nos distanciamos da nossa própria conexão interna, pois tudo em mim implorava para que eu desse um tempo.

Tudo em mim pedia gentileza. Tudo em mim pedia acolhimento. Me acolhi. Sabia que precisava e não teria atalhos.

Tudo em mim pedia calma. Enquanto isso, do lado de fora, a rotina não poderia esperar. Era como se fosse um outro gestar, um novo parto. Também sem anestesia. Contrai a alma, esmaga as certezas e reforça as incertezas. Era como uma onda, como contrações.

Imaginei infinitos cenários do meu trabalho e da minha vida pessoal antes de ter um filho. Como casal, imaginamos tudo que poderíamos fazer para facilitar nesse momento. Nunca poderíamos imaginar que o mundo estaria vivendo uma pandemia.

Eu não tive tempo para pensar se minha mãe ficaria comigo, quando meus sogros viriam nos visitar, quando as amigas poderiam tomar um café, quem nos visitaria na maternidade, se conseguiríamos pagar uma diarista para nos ajudar semanalmente. Não tivemos tempo. Com o parto prematuro, nossos planos não funcionavam mais. Com o lockdown da pandemia, nosso mundo estava de cabeça para baixo.

Alguns dias eu estava disposta a me virar para enxergar tudo em uma nova perspectiva. Outros dias estava tão cansada que precisava reaprender a enxergar graça no que já não era tão gracioso assim. Que graça teria um mundo em que meus pais não podiam carregar meu filho? Que graça teriam os dias se no momento mais frágil da minha recuperação física e emocional eu não tive o colo presencial da minha mãe?

Ter um filho em plena pandemia era como andar de bicicleta e ser privado de sentir o vento no rosto. A vida continuava, tudo continuava, mas sem presença, sem toque. Isso era desumano.

Até ali, eu não tinha cedido espaço dentro de mim para pensar em nada disso. Eu seguia. Eu olhava fundo nos olhos do meu filho e buscava converter tudo aquilo em coragem. Uma coragem que parecia gritar por dentro de mim, dizendo que o mundo ainda valia a pena. A coragem muitas vezes vinha em forma de lágrimas. Era um choro por sentir demais... Sentir tudo. Em cada poro inimaginável da pele. Sentir tanto. O que a gente quer e o que a gente passa a vida toda fugindo. O choro lava a alma e leva o (des)necessário... Puerpério é uma onda forte cheia de vazio que traz força.

Um vazio que precisa ser compreendido e não ser preenchido por qualquer coisa rapidamente.

Eu sabia que valia. Tinha alma o bastante para me fazer acreditar. E eu esperava que esse estoque não terminasse.

Durante nossos primeiros trinta dias juntos, eu tinha me olhado poucas vezes nos olhos. Eu sabia da importância, tentava de algumas formas, mas a rotina me puxava para outro lado, por outro caminho. Meu marido fazia o possível para manter seu trabalho e a rotina de cuidados com a casa, e eu buscava ajudar com o que podia e cuidar da alimentação, hidratação e descanso para que a amamentação continuasse fluindo. A essa altura, com o alerta da pandemia, nós não saíamos de casa para nada além da consulta mensal com a pediatra. Meu maior pesadelo era ter que voltar ao hospital por qualquer que fosse o motivo. Meu maior sonho era pausar tudo por alguns instantes.

O início de uma nova vida é também o início de um novo olhar para o mundo, de si e para com a nossas relações mais próximas. É através de cada visita que somos enxergados nessa nova etapa e podemos ver quem amamos fazendo parte desse novo ciclo. Ver a sua amiga de infância que já brigou por alguma boneca, chorou por namoradinhos e agora estava carregando seu filho no colo. Ver sua mãe, a mesma que cuidou, instruiu, abraçou, hoje fazendo um bolo no final da tarde para ser a base emocional e física para que você tenha forças para continuar. Ver seu pai todo besta e tremendo as mãos para segurar um bebê nos braços faz você falar: você já carregou três, para com isso. Mas cada história é diferente. São momentos que fazem parte de um processo de visualização de fim e início de um novo ciclo.

São minutos de acalento para nosso histórico da alma se restabelecer. Era o que eu imaginava que seria ao receber quem eu amava. Era o que eu sentia falta: ser ouvida, vista, parte da vida de quem eu amo. Eu sentia saudade do que não tive. Sentia falta do abraço que a minha mãe me deu no final do meu parto. Sentia saudade de ser filha, de ser amiga, de ser.

Puerpério vem para não nos deixar aceitar e importar qualquer coisa para dentro de nós.

Tem que ter arrepio, deixar ficar o que faz sentido.

Por isso mata um pouco, mata o desnecessário, o que não nos chacoalha a alma; mata o que precisamos nos despedir e não temos coragem.

Para nascer uma nova mulher, também é preciso que algo morra. E sei e sinto que partes minhas morreram nessa fase, abrindo espaço para lutar pelo essencial.

Puerpério é o desmoronar para construir. Uma vida, mais de uma vida, as nossas. E como foi necessária a bagunça dessa reforma!

Até aqui, pari uma nova mãe por dia. Nasci junto com todas elas. Dei colo, suporte, força, alegria, disposição e coragem para todas. Fiz elas não desistirem dos seus sonhos, de serem, de se enxergarem nos pequenos detalhes, de honrarem todo esforço diário em suprir todas as necessidades de uma nova vida: a minha e a do meu filho.

Convoquei as mulheres em mim. Eu precisava ser mais.

Todas as mulheres dentro de mim lutavam.

Todas as mulheres dentro de mim me celebravam. Apesar das incertezas do que poderia fazer bem ou não, do medo de não cessar o choro, do receio de não ser suficiente, do frio na barriga de não ter um manual de instruções, da distância física e emocional que assombrava o coração, do aperto no peito de não compartilhar tanta vida que estava crescendo diante dos meus olhos a cada dia — todas as mulheres em mim me lembravam de que eu precisava ser cuidada, ao menos por nós dois.

De tudo que vivi, o puerpério não me assustava mais. Foi assim que enxerguei o poder de todas as mulheres que passaram na minha vida, que marcaram minha história, que fizeram parte através de mensagens, telefonemas, comidas e lágrimas por videochamada. Todas elas moravam em mim.

>>> *Todas as mulheres dentro de mim eram por mim e para mim. Para me regar, adubar e podar. Quando chegasse a hora, tudo isso viria a florescer.*

No peito latejava a saudade da vida lá fora. Eu pensava que já estava perto do fim, mas ainda era só o começo do puerpério do mundo.

Cuidar era a palavra de ordem. Cuidar da minha história, das minhas dores, do meu corpo como veículo, dos meus amores, da coragem de me permitir gestar sem acompanhar como o mundo estava fora. Em minha nova companhia, em meu novo corpo, novo tempo. Com tudo que amo, com todas as limitações, com tudo que será diferente do sonhado, com o meu desconhecido. Sou tudo.

Respeito o desconhecido. Mergulho de peito aberto. De certa forma, agradeço pela bagunça, puerpério.

Hoje, do puerpério, não tenho medo.

Hoje me saúdo.

A VIDA COM QUEDA DE OCITOCINA

Um dia, em algum momento, o sono me impossibilita de pensar com exatidão a data, mas eu me lembro de, enquanto meu filho dormia, caminhar até o gramado de casa, tirar os chinelos e, em meio a uma chuva de e-mails na minha caixa de entrada, pensar: *Nunca mais farei nada da minha vida.* Acredite, só de ouvir essa frase em minha cabeça, sentia como se fosse uma punhalada no peito. Não por mim, mas por agora ser mãe.

A exaustão, o sono picado e a mente que não dava conta de processar toda a rotina que envolvia a nós e ao nosso bem-estar tomaram conta de tudo dentro de mim, do meu marido, do nosso casamento e até da cachorrada de casa (até eles passaram a dormir às sete horas da noite).

Fato é que em nenhum momento imaginei que me importaria tanto com qual cor e consistência tinha o cocô do dia e quantas sonecas alguém fez. Apesar de procurar uma boa organização sempre, nunca fui das mais preocupadas. Em algum momento eu largava mão e deixava para ver o que a vida iria me oferecer. Mas, nesse caso, saber de tudo isso, ou melhor, a soma de tudo isso, era uma premonição de como a nossa madrugada seria afetada por diversos fatores — ou algumas vezes nada acontecia.

A imprevisibilidade mexe com o nosso mundo tão programado, produtivo e cronometrado — e, adivinha, os bebês não estão nem aí para nada disso. nem aí. Era como se, todos os dias, eu desse passos sem sentir o chão. Era como começar uma construção sem a planta — mesmo com a nossa base sólida que envolvia respeito e afeto, nem sempre sabíamos por onde começar, quais surpresas viriam ou até onde as paredes iriam suportar. Às vezes bastava um quadro torto para uma parede inteira desmoronar. Na maioria das vezes, esse quadro torto vinha em formato de cansaço da soneca que não foi feita ou de um choro que não cessava.

A essas alturas a ocitocina não estava mais no ápice. A rotina era não ter rotina. A casa apenas sobrevivia ao furacão de tralhas pelo sofá, cama e trocador de cada dia. Algodão, fralda, fralda de pano, almofada de amamentação, controle remoto, caneca de café, sutiã com leite e garrafa de água. Eram novos pertences, para uma nova fase. Era nossa nova realidade.

Durante alguns dias era libertador ver a vida que tanto sonhei acontecendo, em outros dias queria pedir para sair correndo. Mas, de modo geral, ver a casa ganhando outro formato, outra decoração e novos objetos era a realização daquilo que visualizávamos alguns anos atrás. Eu tentava amplificar dentro de mim essa sensação, pois remar contra essa maré era desgastante. Querer manter a vida como antes era inviável e um convite sorrateiro à infelicidade.

Junto a esse novo fluxo, começaram a aparecer novos hábitos, pequenos gestos e atitudes na rotina que me transportavam para o meu lugar secreto. Meu espaço, meu refúgio. Ainda que por alguns breves minutos, era possível repôr toda a minha carga de bateria.

Eu nunca fui uma pessoa do tipo que toma banho todas as manhãs, mas, com o nascimento do meu filho, esse se tornou o melhor momento do meu dia. Acordava, dava o peito, com sorte emendava mais uma sonequinha e eu corria para me livrar daquela nhaca da madrugada. O cheiro de coalhada, golfos e baba. Um mês atrás eu chorei ao sentir esse cheiro: era o cheiro do bafinho de leite do meu filho.

Fui vítima da perseguição do banho diversas vezes. Girava a torneira e o bebê chorava ou eu ouvia que estava chorando, saía correndo e ele estava totalmente entregue ao lado do pai. Ainda assim, que momento renovador. Estava pronta para encarar o dia — ou parte dele. Tudo estava bem. Agora, era possível pensar e me olhar com mais clareza.

Nesse dia, e em muitos outros dias, fui salva pelo banho.

"A sensação é de que nunca mais farei nada da minha vida. Isso é incrível e indigesto", eu disse enquanto contava o que senti durante o dia para o meu marido no nosso clássico passeio no final do dia para espairecer a mente. Sempre conversamos sobre o que aconteceu no dia, o que precisamos fazer e o que era preciso resolver. Nessas voltinhas já rimos, choramos e vivemos muitos encontros no caminho. Era um jeito de ver brevemente um mundo sem fraldas, almofada de amamentação e peito assado. Era um mundo diferente do nosso, era o mundo por um vidro, sem toque ou cheiro, mas era o mundo. O mundo que nosso filho vai desbravar futuramente.

Aconteceu uma pausa na nossa conversa. Percebo nos olhos dele o mesmo sentimento, as dúvidas, o mesmo nível de gratidão e de receios. Com tom divertido, mas com toda a sinceridade e necessidade de aprovação do mundo, eu disse: "Que tipo de mãe fala uma coisa dessas?". Nós dois sentíamos tudo: todo medo, todo receio, todo embrulho no estômago em saber que seria uma fase passageira, mas, naquele momento, parecia que a vida girava em câmera lenta e que éramos os únicos seres habitando na terra devido ao lockdown.

Meu marido continuava dirigindo o carro, nosso filho resmungava na sua soneca e nós dois olhávamos para a estrada que parecia não ter fim. Ele me olhou nos meus olhos rapidamente para dizer: "Uma mãe que fala uma coisa dessas é uma mãe que é um ser humano. Seres humanos cansam, têm sonhos, precisam de ajuda, sentem... Você é um ser humano".

Ouvir isso foi como um banho no meio da tarde. Ali, recarreguei o meu nível de ocitocina mais uma vez. Eu já me reconhecia como mãe, mas me esquecia facilmente do que veio antes disso. E eu não poderia renunciar a nada que veio antes. Eu precisava de tudo. Hoje talvez eu não veja espaço para mais nada, mas "nunca" é uma palavra superficial para a maternidade. Em algum momento eu mergulharia em outras camadas.

Eu não poderia passar mais nem um dia sem me lembrar disso — sou mãe e sou um ser humano.

NEM VOCÊ NEM EU SABÍAMOS COMO SERIA

Amar não é passe de mágica. É construção. Mas a gente ainda vive achando que somos mágicos na nossa própria vida.

Olhei Levi pela primeira vez, e o que senti foi completamente diferente. Não tinha palavras, pois nem eu entendia. Foi intenso, uma mistura de aperto com expansão no peito que parecia formigar. Tentei não pensar muito, só disse: "Bem-vindo", e chorei. Querendo envolvê-lo em mim, mesmo sem saber direito como, o que fazer e mesmo sem poder. Eu realmente não entendia.

Com o tempo, fui percebendo o amor criando base de uma forma completamente diferente. Não era invasivo, era ousado. Um amor que não precisava de "muito, mais ou qualquer outra medida que a gente invente". Não era preciso diminuir outros amores e formas de amar, era apenas diferente do que eu já tinha conhecido.

Do frio na barriga por ir visitá-lo ao meu primeiro "Eu te amo" sem jeito e em voz alta que aconteceu quando ficamos sozinhos em casa. Cada troca de fralda, a rotina sem rotina, cada choro confuso na madrugada, cada sugada do peito, cada banho ou quando se acalmava e dormia no colo do meu marido, cada madrugada em que passávamos acordados, cada momento em que a gente não sabe bem o que fazer, mas por querer bem, faz o possível acontecer. É presenciar o novo, mas com toque familiar, criando espaço, base e fundação.

Nossos primeiros meses foram uma revolução. Como comprar um pacote em que vem escrito "compre um e leve dois". Apesar da separação física, eu e Levi ainda éramos um. Antes no mesmo corpo, agora no mesmo espaço. Meu filho, apesar de estar no mundo, estava mais interessado em permanecer comigo. Grudado. Colado. Pele com pele. Amor por amor. De soneca em soneca, de mamada em mamada, de fralda suja a fralda limpa. Nossas necessidades e nossos cuidados eram similares. Nossas respostas a essas necessidades também. Ele sentia fome, sono e incômodos que não sabia bem o que eram. Eu sentia fome, sono e incômodos (físicos e emocionais) que eu não conhecia, mas os observava.

Isso acontece pois alguns estudos indicam que, nos primeiros três meses, o bebê ainda não sabe que está fora da mãe. Ele ainda pensa que está dentro do útero, a chamada exterogestação. Alguns comparam como se a gravidez durasse, na verdade, doze meses. Saber disso mudou o rumo dos nossos primeiros três meses. A cada coisa que acontecia, voltávamos ao nosso ponto inicial: ele ainda não sabe que está aqui. Ele ainda não se reconhece. Ele ainda pensa que está em mim. Eu estou por ele. Eu preciso me reconhecer.

Outros dias, mesmo sabendo, eram difíceis por si sós. Não tinha remédio, não tinha jeito, não tinha o que ser feito. O que restou dos nossos primeiros três meses foi a certeza de que uma nova vida realmente precisa da outra.

>>> *A vida do meu filho precisava da minha. Eu precisava me sentir viva, eu precisava respirar*

fundo para ser o fôlego para ele. Agora, sou dois por um. Por ele. Por mim.

Eu me sentia em alto-mar. Sem barco, sem boia, sem bússola.

Era como se, a cada dia, uma onda nova batesse e arrebatasse no meu peito. Algumas ondas me permitiam movimentar os braços e nadar. Trocar as fraldas, limpar secreção do nariz, dar banho. Já fluía automaticamente como se eu fizesse aquilo a vida inteira.

Alguns dias era preciso segurar a respiração e mergulhar. Me deixar ir. Em meio a cansaço, choro e problemas da vida que não esperam, eu me via tentando abrir os olhos lentamente, como quem está com a ardência e a vermelhidão de quem se aventurou a nadar em águas salgadas.

Outros dias, a mesma onda em que nadei me tirava do eixo. Me deixava sem forças. Me mostrava que meu eixo estava mudando e as ondas não eram tão cronometradas assim. Essa onda me derrubava. E na tentativa de responder às infinitas perguntas de: "Será que é cólica? Dente? Gases?", eu lia, lia e lia. Lia tudo que podia com meu filho nos braços. Ajudava e tranquilizava. Mas a única que poderia me salvar era eu mesma. A mesma onda que mostrava que meu eixo estava mudando me convidava para enxergar que a minha força também estava.

Cada dia era um evento, cada dia era uma vida.

A cada vida, a cada dia, eu era mais minha, mais dele, mais mãe. A cada dia estávamos construindo juntos um livro de muitas perguntas, com uma única resposta: afeto.

Para os primeiros três meses, hoje eu me recomendaria tempo e peito. Tempo, pois a vida voa. Voa com aquilo que é denso e ruim e voa junto com aquilo que é bom e delicioso. A questão é sentir tudo. Nunca é demais desejar tempo. E peito aberto para vivenciar. Peito aberto para sumir em alguns momentos, para cocriar com outros e para ser protagonista em todos.

Passei os primeiros três meses do meu filho achando que estava vivendo atrás das cortinas. Achando que eu nunca mais voltaria à minha própria estreia. Na verdade, eu estava construindo o meu próprio palco. Estava conduzindo mais do que nunca meu próprio rumo. Um dia, quando comemorava que meu filho dormiu no meu peito após eu ter passado duas horas tentando acalmá-lo, eu enxerguei todo o meu trabalho. Todo o meu esforço, todo o meu suor e leite. Tudo... Para ele, eu era tudo. Para ele eu não estava batendo cartão. Para ele eu não estava fazendo hora extra. Para ele eu não era uma carteira assinada. Para ele, eu era tudo. Era tudo que ele reconhecia pelo cheiro.

Era tudo que eu poderia ser, e para ele estava bom. Era sua única vida. Ele estava aprendendo a ser filho e eu, a ser mãe. Nenhum de nós sabia exatamente o que estava fazendo.

Eu evitava o mantra materno "vai passar". Me incomodava. Lembrar que o tempo passa me fazia ter saudade do que eu estava vivendo naquele exato momento. Me fazia perceber que o que é ruim passa, mas o que é bom também passa. O amamentar vendo série ou respondendo e-mails passaria no próximo mês, as sonecas no colo ou em qualquer lugar também começariam a pedir por rotina.

Tudo dos primeiros meses passa. Tudo. Tudo continua passando depois dos três meses. Filho é para sempre, nós é que não somos. Um dia com meu filho nos braços, eu não sei por quê, eu disse: "Meu amor não passa". A realidade é dura, é afiada. Era demais lembrar que o tempo não perdoa, que a vida escorre junto ao leite do meu peito e que um dia eu não conseguirei mais correr atrás dessas pernas pequeninas que não tocam o chão.

Eu precisava criar meu tempo. Era esse o convite do meu filho nos primeiros meses: era preciso ajustar os meus ponteiros ao nosso tempo. Nosso tempo, quando sugado, é eterno. Não passa. Essa era a nossa magia.

Então, quer o dia seja ruim, quer seja bom, eu me lembro: meu amor não passa.

Hoje entendo por que sem pensar dizemos que não temos palavras. Amar é verbo. É ação e construção. É tempo, é dança, é visceral. É se sentir perdido e se encontrar. É ver sentido a cada amanhecer — mesmo quando o sol resolve nascer no meio do olho do furacão.

Todos os dias, quando Levi abre os olhos e me olha, eu posso ler nos seus olhos quase o mesmo: "Bem-vinda... Vamos descobrir tudo isso juntos? Eu não sei como... me mostra o que você vê?".

E eu o vejo.

Eu respondo: "Vamos".

Às vezes animada, às vezes sonâmbula, às vezes confusa... Ele não se importa. A resposta é sempre "Vamos!". Sem passe de mágica, sem entender ou descrever. Às vezes sem motivos, como um incômodo de bebê. Talvez seja essa a resposta que o amor (ou o que existe de humano) espera de nós.

E hoje, para esse convite, eu digo: "Te mostro enquanto construímos juntos o caminho. Não sei como será, mas me garanto no improviso".

Como mágica, sugo as horas. Eternizo os segundos. Te decoro. Só o nosso tempo importa.

Pois, se tudo passa, o meu amor não passa.

VOLTOU TUDO AO NORMAL?

Existe uma mística ao redor dos primeiros três meses. Dizem que, após três meses que o bebê nasce, a vida volta ao normal. Eu nunca botei fé. É muito comum escutar a frase: "Os primeiros três meses são difíceis, depois melhora". Eu entendo essa frase, entendo, com todos os seus sentidos, principalmente se é o caso de bebês que sentem muita cólica, mas não consigo digerir a expectativa. Nunca quis acreditar: eu topei uma vida diferente com meu filho.

Sério. Já assisti a filmes, li livros, mudei cortes de cabelo, fiz viagens e tive conversas que mudaram minha vida, rotina e formas de levar a vida. Como seria diferente com um ser humano crescendo comigo?

A gente cresce achando que precisa continuar o mesmo, que isso é bom. Cresce não aceitando deixar de ser criança, sair da escola, trocar de banco, as rugas surgindo, sair da cidade. E, por mais que nos falem: "Ahh, mudar faz bem", no fundo sempre vem o pensamento: *Está tão bom, morno, como está, ou sei lá, pode ser melhor... Quem garante?* O não saber é desconfortável. É denso, mas também é um mar de possibilidades.

E não tem discurso, conselho ou astrologia que revele isso na vida e, ainda mais, na maternidade: o desconhecido.

O desconhecido já dá as caras na descoberta, no não saber o dia do parto, como será a dor e onde estaremos.

Continua no regenerar da alma junto ao corpo, no descanso entre as sonecas que não é possível prever se terão vinte minutos ou duas horas. Terá cólica hoje? Gases? Quantos despertares? Dá tempo de mandar e-mail? É dente? Vai para a avó? Para a creche? Coloco toda a decoração da casa para o alto? É salto de desenvolvimento? É regressão do sono? É colo?

É uma vida por vez.

Antes de engravidar, é difícil imaginar de forma concreta como a vida vai funcionar. Ouvir essa frase gerava dentro de mim a ideia de que, após os três meses, meu bebê já seria um adolescente e a vida caminharia igual ao que era antes — claramente, não é verdade.

No olho do furacão, era bom, por vezes, ter um mantra que fizesse acreditar nos dias mais densos. E funciona. Realmente, funciona torcer para os três meses passarem... mas eles passam. E, nessa altura do campeonato da maternidade, eu queria comprar tempo. Queria ter todo o tempo do mundo para segurar meu bebê no colo e tomar um banho sem pressa. Eu queria ter um por cento de controle, eu queria poder parar e acelerar o tempo. Era preciso, na verdade, fazer as pazes com o tempo.

O tempo da vida do filho que conheço à medida que o conduzo a cada dia. A minha vida que construo e reconstruo à medida que vou me reconhecendo em novos papéis.

Passaram-se três meses que meu filho tinha nascido, e era supercomum eu receber mensagens como: "E aí, a vida já voltou ao normal? O corpo está no lugar?

A casa já está em ordem? O bebê já dorme a noite toda? O bebê já se ajustou à sua rotina?". A minha cara ficava pendurada, e talvez, se fosse uma pessoa um pouco mais observadora e sensível, perceberia que meus olhos diziam: "Que normal?".

Nada mais seria igual.

Todo dia olho um bebê diferente, todo dia eu espero que ele veja uma mãe diferente que segue aprendendo a dar as mãos para conhecer o desconhecido do dia junto com ele, seja aprendendo a mamar, olhar, rolar, engatinhar, andar.

Nunca pensei em ter um filho e ter a minha vida normal junto. Para mim, inclusive, todo ritual do parto seria como um marco, um antes e depois, uma virada de ano. Eu não abandonaria quem era, mas me transformaria com tudo que até ali precisei viver. Eu seria um algo a mais e seria mãe. Consciente de que aquela vida não iria mais voltar — e sem nenhum pesar por isso. Se eu quisesse manter minha vida completamente como estava, eu não teria um filho — e tudo bem. Mas não era o meu caso. Eu queria uma vida nova com meu filho, eu queria viver aquela fase. Ainda que cansada e com saudade da vida de antes que surgia na solidão de algumas madrugadas.

Pois meu filho segue abraçando uma vida diferente, mesmo sem saber o que virá, por confiar que ainda seremos e teremos nós. Juntos. Nos permitindo e evoluindo.

Claro, falando assim soa como mil maravilhas. E realmente é. Aposto que você imaginou uma mãe com aquele sorriso pregado no rosto e com os olhos apaixonados, babando com a sua cria envolta e protegida nos braços. E é assim, mil maravilhas — mas não o tempo todo.

Os primeiros três meses realmente são avassaladores. É muito, é tudo. É uma vida que acontece dentro do corpo da mulher e precisa ser reproduzida de forma consciente do lado de fora. É colo, é peito, é aconchego, é proteção. É tudo isso enquanto aprendemos a enxergar a nós mesmas e ao mundo com uma nova perspectiva.

Nada mais volta ao normal — e isso pode ser um belo convite.

Depois dos primeiros três meses, a dança ganha um novo ritmo. Soma um novo tom, e aperfeiçoamos o rebolado. Tudo estava bem, mas agora fica mais leve. A vida flui. Não por conta do bebê, mas por nos permitirmos amadurecer e aprender junto ao tempo dele e ao nosso. Muda a forma como nos enxergamos, muda a maneira como encaramos os nossos papéis enquanto cuidadores, mudam os níveis de empatia que sentimos por um ser que antes não conhecia o mundo e agora já se descobre como um ser humano individual, sem estar apenas colado no corpo da sua mãe. Em três meses, meu filho já se reconhece além de mim.

O que são três meses perto de uma vida inteira? O que é um ano perto de tudo que ainda vamos viver juntos? O que são três anos de doação em que ele não será mais um bebê?

Foram três meses colada pele a pele com meu filho que me ensinaram que agora estamos vivendo um novo tempo. Um tempo de mudanças, um tempo em que aproveitar cada segundo dessa fase era a melhor alternativa.

Muda tudo. E vai continuar mudando.

Afinal, sou um ser humano que pariu um ser e desejo que ele seja cada dia mais humano. E, em um mundo que quer nos colocar em fórmulas prontas e uma caixinha em que temos um manual de instruções, é ser resistência. A vida inteira, não por apenas três meses.

Seres humanos mudam... e se tem algo que estes primeiros três meses me ensinaram é que tudo muda, tudo passa e nossa ideia do que é normal se renova a cada dia.

Voltou tudo ao normal? Sim, todo dia. A cada dia descubro um novo normal para viver ao lado do meu filho. Todo dia enfrento tudo e abraço o tempo. Me abraço, abraço a nossa vida juntos.

Em três meses, meu filho me ensinou a viver mais que a minha vida inteira.

>> *Agora minha vida seria todo dia um pouco mais anormal. Ninguém precisa ser tão normal assim.*

MUITO ALÉM DE TODA LUZ E DE *toda sombra*

(entre risos e lágrimas, me expando)

COM VOCÊ, NÃO IMPORTA A MÚSICA

Todos os dias meu filho me convida para dançar.

E ele não fala que ritmo é. Vai do axé, em que me faz rebolar a rotina para conseguir pensar em qualquer outra coisa que não seja: *Qual foi o último peito que eu dei?*, passando pela valsa apaixonada com o sorrisinho de bom-dia, ao punk rock em que o choro vem quando, ao me trocar, percebo que há quinze dias não lavamos as roupas e já não tenho calcinhas para usar. Aí o punk vira emo, e o choro que deságua em frente ao espelho é, por fim, almejar poder dormir seis horas seguidas. *Será possível algum dia?* A dança pausa. E, quase como em um musical da Broadway, posso ouvir o coral de todas as puérperas (em meio à pandemia) do mundo cantando: "Vai passar". E eu começo a rir de mim mesma.

Meu filho me convida para dançar todos os dias, não fala o ritmo, não conta o tempo da música, não me dá uma prévia para a gente não pisar um no pé do outro. Ele só me convida. O resto é comigo.

Rebolando para enviar um oi para as amigas no WhatsApp depois de cinco dias, fingir que sei cantar a letra da música do cansaço de cuidarmos de tudo isolados, enrolando a coreografia dramática do sono enquanto nutro dando meu peito — e improviso um passinho feliz da vida por ver as bochechas rechonchudas crescendo.

Meu filho me convida para dançar todos os dias.

E assim vamos nos apresentando só para nós mesmos, dia após dia. Sigo em muitos momentos sem ter molejo suficiente, só buscando me manter flexível para continuarmos nossa troca, nossa soma. Sem ensaios, no puro improviso.

Meu filho me convida para dançar todos os dias. Ele não quer profissional, só me quer inteira. Me forço a esquecer todos os passos prontos, os versos óbvios e meu ritmo preferido... Me disponho. Aceito.

É nessa dança que a gente se encontra.

É nessa dança que a gente se liberta.

Todos os dias a gente se aceita, mesmo sem saber o que vem pela frente. Assim, todos os dias a gente se tem.

Não importa a música, se ele for meu par.

MISSÃO IMPOSSÍVEL DE SER DESCANSO SEM DESCANSAR

Minha cabeça sempre foi frenética. Enquanto escrevo, penso que meu filho poderá acordar, que preciso descansar, tenho e-mails para responder, chão para varrer, roupa para guardar, dinheiro para fazer e que a vida não vai me esperar. Sempre vivi a vida pensando nisto: a vida não espera. E não espera mesmo. A vida vai, flui, escapa. Mas a vida também fica eternamente dentro da gente. E esse é um presente incrível que só quem está presente poderá desembrulhar.

Muitas das conversas de mães giram em torno do sono do filho. É inevitável. Toda mãe quer saber que técnica, macete, bruxaria que outra mãe fez para que o filho dormisse por doze horas, seis horas, três horas seguidas. QUALQUER MINUTO SEGUIDO. Eu achava demais... até chegar a minha vez de não dormir.

Não dormir é torturante. É desesperador.

Eu sabia que teria dificuldades, afinal de contas sou um ser humano e sei que uma noite de sono agradável é importante para o corpo se recuperar e iniciar o dia com neurônios, músculos e memórias resetadas. Tudo zerado para o que virá de novo. É uma delícia.

Nunca fui do tipo de pessoa que precisava dormir oito horas seguidas, costumava dizer que dormir era desperdício de vida. Eu não imaginava que o não dormir poderia alguns dias me fazer virar quase um vegetal. Não imaginei que minha memória se tornaria um limbo. E que eu ganharia trinta segundos de delay entre uma pergunta simples como "O que você tá fazendo?" e a resposta. A sensação era como se eu nunca mais zerasse o meu espaço mental de armazenamento. Como se estivesse sempre com o cache e a lixeira cheios e, mesmo assim, todo dia recebesse a mensagem do meu bebê "aceitar receber mais arquivos?". Sim. Aceito.

Essa sensação começou a ficar palpável no marco dos quatro para os cinco meses. Até então eu levava a vida, sentia sono, mas não sentia meu cérebro derreter. Trabalhava, fazia o que precisava fazer para manter a casa minimamente funcional. Veja bem, eu não disse "arrumada", mas funcional. E, então, seguia.

Depois disso, não sei se foi o acúmulo dos dias ou o leve desespero de quando você começa a se perguntar: *Será que eu nunca mais vou dormir?* Ou da vida te pedindo para voltar tudo ao normal enquanto você ainda precisa juntar forças para ser alimento, guia e base exclusiva de outra vida. Nesse ponto, dava para sentir o cansaço pela minha voz. Em um determinado momento acho que até a atendente da pediatra percebia, pois repetia pelo menos cinco vezes o dia e o horário da próxima consulta — e ainda assim eu me confundia.

Eu nunca soube dormir à tarde. Era uma agonia pedir para que eu descansasse por alguns minutos no sofá — eu descansava escrevendo, lendo, cozinhando, eu dizia. E foi aí que um ser humano com cinco meses de vida ensinou uma mulher de vinte e nove anos a descobrir a diferença entre parar, relaxar, descansar e dormir. Caso contrário, meu sistema não ficaria mais sobrecarregado: eu entraria em pane.

Dizem que nos primeiros dias o bebê precisa da mãe. Essa é a maior mentira. O bebê precisa da mãe, do humano, de proteção, da referência de porto seguro para sempre — quando buscamos uma criação afetiva e com base na disciplina positiva. Foi observando meu filho que eu pude me observar.

Nos dias em que ele estava mais agitado, meu coração estava disparado. Nos dias em que ele estava mais calmo, eu conseguia respirar mais fundo. Não é para ser um fardo, é para ser um espelho. É para ser uma dança.

Um elenco nunca consegue se apresentar só com uma dançarina. É preciso uma equipe, um time. Eu tinha meu marido, meu filho, meu marido tinha meu filho e eu, meu filho tinha nós dois — e nossos dois cachorros. Era um fluxo que se alimentava nos dias bons e poderia se perder nos dias desafiadores. Nós precisávamos de mais. Precisávamos de uma pausa, de um respiro. Mas o mundo ainda estava em pandemia e não podia nos fazer sonhar com um colo a mais por algumas horas — para nós e para o bebê.

Todo mundo precisa de colo nos primeiros meses de vida. Nos primeiros meses de vida de mãe, pai e bebê. Mas nem sempre é o que acontece. Não é à toa que a rede de apoio tem esse nome. É o melhor e mais difícil item do enxoval — acredite, a cadeirinha que gira, treme e roda não é nada perto de um bolo no final da tarde, chão limpo ou um banho de 15 minutos.

A pergunta de um milhão de dólares: como ser o descanso que meu filho precisa sem descansar?

Aos poucos fomos aprendendo a descansar: eu e meu filho. Ele dormia em cima de nós, com a nossa respiração bem pertinho do seu ouvido. Eu comecei a me deitar mais cedo e lembrava-me sempre de ponderar: o que fará mais diferença no meu dia, a pia limpa ou fechar meus olhos por vinte minutos? No fim, eu sempre precisava me organizar comigo primeiro e depois com a louça.

Eu era constantemente convocada a voltar o meu olhar para dentro de mim em primeiro lugar. Era como ir na contramão do que fui treinada a vida toda e passei anos tentando me reeducar positivamente a me olhar com mais carinho. Mas, agora, eram muitos os olhares que dependiam de mim. Ali eu ainda pude ver: eu só dependia do meu olhar. Era cuidando do meu olhar que eu poderia enxergar tudo que estava sendo construído com afeto.

Em cinco meses, aprendi a respirar fundo. Em cinco meses, aprendi a descansar em horas picadas e a parar de pensar quando tudo voltaria ao normal. Aprendi a olhar com empatia os aprendizados do meu filho. Em cinco meses, aprendi que apressar o tempo é uma energia em vão. É um desperdício de vida. É apunhalar o coração. Isso não significa que não nos esforçamos para criar uma rotina, um ritmo, condições favoráveis para o sono dele nem que não apelamos para uma volta de carro para a família toda relaxar por quarenta minutos. Mas o bilhete da mega-sena premiada foi que nós mudamos a prioridade. Não era mais sobre fazê--lo dormir, era sobre criar um ambiente agradável para ele se sentir seguro, relaxado e bem entrosado com sua própria casa, quarto e com o nosso corpo quando necessário.

Era sobre estar sem querer estar em outro lugar — mesmo quando há choro, mesmo quando há cansaço e irritação. Era sobre ser quem ele precisava que fôssemos naquele momento. Era sobre ter paciência. A paciência que tive com toda a evolução de aprendizado com o meu descanso, ter para com o dele. Afinal, ele tinha praticamente acabado de nascer. Eu tinha vinte e nove anos e estava reaprendendo a relaxar junto com ele.

Depois de alguns meses, o nosso tão sonhado descanso chegou. Em forma de rede de apoio, em forma de algumas horas a mais de sono, em forma de afago e gentileza com o meu próprio corpo, mente e espírito.

Na lista das qualidades que eu desejo para o meu filho, uma delas é que ele seja um homem respeitoso. E foi ali que entendi. Somos espelho. Ele é meu espelho, e eu sou espelho dele. Somos um o repertório do outro, somos referência. Eu precisava me respeitar mais. Pois eu precisava estar inteira para o meu filho. Eu não queria que a sua referência fosse de uma mãe mártir, mas de uma mãe que é.

No fim, a missão impossível nunca foi sobre descanso. Nunca foi sobre fazer o meu filho dormir. Sempre foi sobre respeito, sempre foi sobre ir na contramão de um sistema que cobra de mulheres e mães um desempenho desumano. Sempre foi sobre ser um porto seguro emocional. Sempre foi sobre pedir ajuda. Sempre foi sobre ser uma mãe inteira e não sobrevivente.

Sempre foi sobre um amor que, mesmo quando cansado, ainda era amor.

E eu sempre acreditei que era possível mudar o mundo com amor.

Eu estava cansada. Chorava de cansaço, ria do cansaço, mas eu sabia: ninguém muda o mundo enrolado no cobertor. Todos os dias, tudo em mim lutava. Com afeto.

Sempre foi sobre isso.

SOBRE(VIVER) SEM ABRAÇOS OU A SAUDADE EM TRÊS ATOS

Em 2020 as palavras saudade, abraço, pior e melhor estavam no topo das mais usadas. Foi um ano difícil de definir.

Começando pela saudade.

Esse era um estágio da vida em que estar só não me doía mais. Eu era capaz de olhar com bons olhos para os momentos em que eu queria ficar só: com meus pensamentos, com meus anjos e com meus demônios. Eu fico bem. Acontece que, nesse momento do mundo, nunca foi sobre estar só, mas sobre a impossibilidade de estar junto. Abraçar era perigoso.

Conto que a nossa saudade aconteceu em três atos: a pandemia, a mudança de cidade e a chegada dos trinta anos.

Meu filho escolheu nascer nesse momento. Na hora em que o mundo todo estava lutando contra um vírus que, infelizmente, matou e adoeceu tanta gente. Minha estratégia inicial de fingir que nada estava acontecendo funcionou. Era como se nossos pais morassem no Japão e nós estivéssemos aqui no Brasil e fôssemos nos ver com algum atraso, mas nos veríamos. Mas, ainda que este fosse o cenário, teríamos um dia, uma data para marcar no calendário. Poderíamos guardar dinheiro, comprar as passagens, planejar a viagem. Porém, não era este o caso.

Nossa data não chegava nunca, e a saudade não perdia tempo... crescia.

Em janeiro desse mesmo ano pandêmico, nós mudamos de cidade. Ainda era perto dos meus pais, mas não faria diferença. Tudo ainda era muito novo, muito incerto.

Nossa nova casa era confortável, era tudo que precisávamos nesse momento para receber uma vida nova: nada para se preocupar. Sem vazamento, sem barulho do vizinho, natureza ao nosso redor e um ar novo de interior. Mas, ainda assim, era uma nova casa. Era confuso sairmos de um local que tinha toda a nossa identidade expressa na decoração para uma casa com muitas possibilidades, mas nenhuma disposição. Lembro que um dia eu brinquei mentalmente de criar a minha casa decorada. Era fácil pintar as paredes, era simples mudar os móveis de lugar, nada exigia espaço da minha carga mental. Foi incrível, mas não foi real.

A vida seguiu, claro. Nada como uma flor em uma garrafa de vidro, uma vela aromática e o nosso cheiro e o pelo dos nossos cachorros começando a impregnar na casa. Para ser lar, é preciso tempo.

Tempo que agora mais do que nunca era doce e brutal.

Em meio às mudanças, chegaram os meus trinta anos. Idade tão simbólica e memorável para muita gente. Eu nunca fui das mais ligadas em números; para ser sincera, já comemorei meu aniversário celebrando a idade errada. Não ligo. Mas nesse ano, especialmente, vi uma mágica acontecer.

A mágica de quem tem filhos e dos amigos que não têm.

Para começar, eu já não sou das que têm uma grande lista de amigos. Tenho um grupo mais próximo e alguns pingados. Esses pingados foram os que vi, mês a mês, junto ao mesversário do meu filho, indo. Indo embora. Não julgo. Foi um ano difícil para todos, só quem viveu sua vida sabe. Assim como só quem é responsável por outra vida sabe.

No começo, a repetição de temas é inevitável: como dorme, quanto dorme, quanto mama, como está o peito, dói lá embaixo, quantas sonecas faz, usa ruído branco, não sei usar o sling, como aliviar cólica, como terminar o dia menos golfada, habilidade de pegar tudo com o pé, pois está com um bebê capotado nos braços, o almoço tem hora e a casa fica um silêncio delicioso após as dezenove horas — então, amigos, venham cedo. É muita coisa, muitas regras, muitos detalhes para quem é dono do seu próprio tempo.

Então, encarei como a necessidade de cada um.

Por outro lado, dentro de mim moravam outras necessidades que muitas vezes eram difíceis de contar. Impossíveis de expressar. Duras de dizer. Li muito sobre a solidão materna e eu nunca conseguia entender como funcionava: puxa, é só falar com uma amiga...

Como pedir ajuda quando você entende que precisa lidar com tudo? Como falar com alguém quando você cansa só de pensar em falar? Como iniciar um pedido de socorro?

Eu tinha amigas prontas para me ajudar. Amigas em que eu confiava, a quem eu não media esforços para estar presente (nesse caso, virtualmente) e para quem já tinha contado muita coisa, vivenciado muita coisa. Eu não tinha vergonha delas. Mesmo assim, tive uma infinidade de discursos que ensaiei dizer e não disse nada.

Um dia eu me afoguei nas minhas próprias lágrimas, com o lenço nas mãos e o telefone do lado, e sentia que, embora eu tivesse amigas de infância, depois que virei mãe eu precisaria me apresentar de novo a elas.

Hoje sei que, mesmo sempre tendo em mente que eu não era obrigada a saber como lidar, não era obrigada a ser feliz o tempo todo mesmo com o meu maior sonho no colo, mesmo sabendo que a privação de sono é exaustiva, mesmo sabendo que eu poderia ficar de mau humor, mesmo dividindo todas as tarefas da casa, do bebê e trabalhando eu me sentiria cansada... No fundo, bem no fundo, eu queria lidar com tudo. Queria controlar o mínimo que fosse. No fundo, eu achava que isso era ser mãe: aguentar tudo.

E eu não queria aguentar a vida. Eu queria vê-la sem sentir, como se meus olhos estivessem embaçados. Queria compartilhar meus dias.

Foi brutal enxergar como a vida mudou tão drasticamente de um ano para o outro.

Eu sabia que a saudade poderia doer. Entretanto, a saudade do que nunca vivi era como comprar um álbum de fotos e não ter fotos. Com o passar do tempo, aprendi a guardar os registros como era possível: foto do pão caseiro que a amiga mandou, foto da feira que meus pais mandaram entregar na minha casa e o print das videochamadas com amigos e a família.

A saudade precisou de um novo nome no ano de 2020. No ano em que o mundo todo precisava de cura, eu tinha a cura dos meus dias em meus braços. No ano em que o mundo todo implorava por uma data para ver a vida, eu aproveitava para sugar todo o tempo possível, acompanhando de perto o crescimento do meu filho. No ano em que o mundo todo queria tirar do calendário e fingir que não existiu, parecia egoísmo dizer que foi o melhor da minha vida.

O ano em que todo dia era réveillon e, nas minhas orações, eu só pedia para não me esquecer dos abraços que já recebi e de como era me perder nos braços de quem amo: 2020. Ensaiava todos os dias o abraço com meu filho — imaginando como seria lindo o dia em que meus olhos o veriam sentindo o calor de outros além de nós. E como seus braços ainda pequenos estariam junto às pessoas a quem mais amo e que mesmo de longe cuidaram de nós.

Todos os dias, ensaio esse abraço com meu filho.

No ano da doença, ele foi minha cura.

Contém altas doses de cura em um abraço.

CONTO DE UM DIA APÓS O OUTRO

"Vai passar" é um dos mantras da maternidade que em alguns dias me irritava e, em outros, me salvava. Ao passo que eu queria que passasse logo todo choro, desconforto, noites em claro e o bico do peito cansado, eu não queria perder nada. E, no mesmo dia em que a alma urrava por descanso para que meu colo tivesse uma folga, eu queria ser colo para sempre. Queria ser esse ponto de descanso das dores da vida e do mundo.

"Vai passar", e vai mesmo. Diferentemente do que dizem, os primeiros meses foram uma eternidade. Até os seis meses, eu vi a vida em câmera lenta: pelo seu ângulo mais cinematográfico e poético e pela visão de quem precisava de catorze horas de sono. A vida tinha outro tempo, mas o mundo me cobrava para ser a mesma. Eu tinha outro ritmo, mas o mundo me empurrava para voltar a ser quem eu era antes.

Eu não era nem uma, nem outra. Estava sendo um dia após o outro.

Às vezes, muitas vezes, vivendo uma hora após a outra. De uma hora para outra, tudo pode mudar no mundo dos bebês — e no dos adultos, mas nós somos treinados a disfarçar e a empurrar para debaixo do tapete. Chorar no meio do expediente, se fosse preciso, seria muita fragilidade para o mundo corporativo. Para o meu filho, não. Todo sentir era preciso, era demonstrado, era sentido e era preciso ser porto para validar essa descoberta do mundo e de si.

Eu desvendava meu mundo enquanto descobria o dele.

Aos quatro para cinco meses de vida como mãe, eu já conhecia seu choro de fome, de sono, de fralda suja. Já sabia o bastante para me trazer a segurança de que estávamos entrosados e de que estávamos traçando nosso caminho com afeto. Mas, na mesma medida da segurança, o mar desconhecido aumentava. Na mesma medida da deliciosa descoberta, a vida adulta não me esperava equilibrar como ser mulher e mãe.

Eu tinha terminado as aulas da minha pós-graduação em psicologia positiva enquanto estava grávida, mas ainda faltava o TCC. Enviei um e-mail para a coordenação do curso, parecia mais com uma carta, um pedido de ajuda para que me dessem mais tempo para a entrega. Anexei o documento de nascimento do meu filho prematuro e contei que, por conta da pandemia, estava sem ajuda. Finalizei o e-mail com meu coração em cada palavra dizendo: "Seria possível conseguir mais tempo para a entrega?".

Para minha surpresa, obtive o retorno no final do mesmo dia. Enquanto meu filho mamava pela décima vez, eu lia as palavras da coordenadora do curso, que diziam mais ou menos assim:

Cara Isadora,
O período de entrega do TCC da sua turma está agendado para o mês de agosto. Com a sua

*condição e da pandemia, consegui um perío-
do extra para novembro. Até lá, me mantenha
informada, porém, se virar o ano, será preciso
pagar uma taxa no valor X. Entre em contato
com sua orientadora, ela poderá te ajudar.*

Na época, a taxa era alta, e logo pensei que precisaria
encarar esse trabalho de conclusão com fervor. Eu, que não
parava para olhar o extrato da minha conta do banco,
não lembrava mais a senha de metade dos meus aplica-
tivos e só ouvia ruído de chuva como música nos últimos
meses, precisava escrever pelo menos sessenta páginas
sobre um assunto que eu nem lembrava mais qual era.

É incrível como nós, seres humanos, temos capacidade de adaptação. Há meses eu tinha receio de como iria
carregar meu filho no colo, hoje seguro ele como uma bola
de beisebol (embora nunca tenha jogado) enquanto pen-
duro roupa no varal e escovo os dentes. Eu, que não sabia
amamentar nem trocar uma fralda, hoje demoro meia
hora para lembrar minha senha de acesso à plataforma da
pós. Somos adaptáveis.

Eu sabia que meu coração ganharia um novo dono,
mas não imaginava que todo o resto também seria devo-
rado na mesma intensidade. Minha mente, meu raciocínio, meu ciclo menstrual que ainda não voltara, meu
peito enrijecido: tudo em mim denunciava minha nova
vida. Tudo em mim era mãe.

Uma parte de mim estava vibrando que iria voltar a
ler sobre novos assuntos. Era um esforço grande. Naquela altura, ainda me importava mais tentar ajustar as sonecas do meu filho do que saber os efeitos e os impactos

da pirâmide da psicologia positiva quando aplicada no conteúdo digital que era o tema do meu TCC.

Às vezes não faltava coragem, não faltava vontade, faltava espaço em mim. E foi nesse momento, em que separei todas as quintas-feiras da semana para focar em escrever meu TCC, que eu fui reencontrando uma parte de mim que eu adorava. Parte que era só minha.

Fazer meu TCC foi uma libertação. Eu aproveitava o cochilo, meu marido agilizava as refeições e eu não me envolvia em nada do trabalho. As quintas-feiras se tornaram um dia de reencontro. Reencontro com as palavras que eu amava ler, com autores com quem eu me identificava e com um assunto que me enchia o peito de me informar. Existiam outros assuntos, e eu ainda poderia me interessar por eles sem deixar de ser mãe. Alguns dias eu batia a mão no peito com orgulho, outros dias eu me recolhia no rio de culpa de estar repartindo não só meu tempo, mas meu coração.

Entre risos e lágrimas, fui me expandindo.

Coração é elástico. Dentro de mim havia espaço para um pouco de tudo em alguns dias; em outros, em sua maioria, ainda era uma superlotação dos assuntos e do amor pelo universo do meu filho.

———

Com um esboço do meu trabalho depois de duas semanas dedicada, eu entrei em contato com a minha orientadora, contei e me afoguei com suas palavras: "Isadora, tudo bem? Seu trabalho está mais adiantado do que você imagina. Parabéns. Não estamos em um momento fácil, mas estamos juntas. Vamos concluir!".

Eu sinceramente pensava comigo mesma se algum clã de anjas se unira para me responder. As palavras da orientadora me motivaram e me deram uma luz de que seria possível. Seria uma chance. A chance que eu precisava para sentir um retrogosto da vida que ainda ecoava em mim.

Aproveitei todas as sonecas, todas as brechas, disse "não" para alguns trabalhos, pedi para minha mãe vir aos finais de semana com seu computador para formatar em Word (eu não tinha no meu computador) e lia cada parágrafo para meu filho enquanto ele rolava no seu tapete de atividades. A vida não era mágica como este parágrafo pode soar, mas era motivadora como eu espero que essas palavras possam ser. Eu sentia uma vida nova em mim, mesmo precisando me esforçar muito para me interessar por aquele assunto que antes eu dominava e fazia parte do meu vocabulário.

Em uma madrugada, entre mamadas, enviei minha última mensagem para a orientadora, com meu trabalho anexo. Enviei uma mensagem para a coordenadora, informando que tudo estava encaminhado e agradecendo seu esforço pelo tempo a mais. Antes de apertar "enviar", escutei o choro do meu filho. Abri a blusa e fui ao seu encontro. Com ele aninhado em meu peito, o abracei como se fosse a primeira vez. E toda noite, de certa forma, é. Ele era alguém novo, eu era uma mulher nova. Toda renovação é excitante, intensa e cansativa. Estávamos os dois nesse misto de emoções. Mas, diferentemente do primeiro e-mail que enviei para a coordenadora, pedindo mais tempo para a entrega, a maternidade também não espera. É uma avalanche. Só que não existe salve-se quem puder.

Eu não precisava me salvar. Eu precisava deitar e rolar. Eu precisava aceitar que iria por outro caminho.

Nessa hora, posso jurar que li um e-mail do meu filho dizendo: "Cara sra. minha mãe, seria possível conseguir sua entrega agora?".

Mesmo depois de cinco meses, eu ainda me sentia sendo levada. A hora era agora. Eu não precisava me preparar, não precisava de mais tempo, eu precisava deslanchar. E, para deslanchar, é preciso entrega.

Olhando nos olhos do meu filho, respondi com meu coração: "Vamos, uma entrega por vez, estarei com você e você comigo. E conseguiremos juntos. Vamos!". E, assim, tudo passou. A madrugada, a pós, as dúvidas, o tempo, os desencontros.

Vai passar.

Hoje passa.

Essa madrugada passa.

Nada é a mesma coisa por muito tempo.

Por isso, eu quero estar inteira. Pra ele. Pra mim.

SÓ AMOR NÃO BASTA

Existem várias coisas que ninguém te contou sobre a maternidade. Isso era algo que me frustrava um pouco em conversas e rodas de amigos. Eu, na minha imensa curiosidade de aprender e observar ao máximo minhas amigas mães, sempre aproveitava nossos encontros para pedir dicas de livros, ouvir os seus desabafos e fazer perguntas mais direcionadas. Muitas dessas perguntas nunca foram respondidas, pois o assunto sempre empacava em uma infinidade de justificativas, "É difícil, mas eu não trocaria isso por nada, por nada mesmo", e alguma pessoa sem filhos falava: "É um amor, né? Tão fofinhos", e a conversa não ganhava corpo nem raiz.

Hoje sei, e admito, que grande parte dessas minhas entrevistas foi pelo medo do que viria. Do que eu teria que lidar. Do que precisarei dar conta. Do que precisarei me tornar para ser quem meu filho precisa. Foi por volta dos cinco meses que Levi me convidou para partir para os braços de mim mesma e enxergar que não é só algo que a gente prevê, não é algo que a gente pode garantir tudo, não é algo de que é preciso se livrar de todos os empecilhos e dificuldades. É sobre viver. Viver cada fase.

No marco dos cinco meses de idade cronológica, meu filho prematuro tinha três meses e meio na idade biológica, fase em que acontece a tal da regressão dos quatro meses. Essa diferença sempre nos confundiu muito, pois grande parte do desenvolvimento motor, cognitivo e dos saltos do bebê tem como base a idade biológica. Eu, que nunca fui boa com números, precisei arranjar um espaço a mais para tantos números que surgem junto com o início da vida: quantidade de mamadas, tempo de mamada, quantos cocôs, peso da fralda (prática da rotina de UTI), peso, altura, tempo de duração da soneca, intervalo entre cada soneca... É, já me peguei com a cabeça rodando, em outro planeta, enquanto coava o café da tarde.

Tudo que li sobre maternidade, por mais informativo que fosse, sempre finalizava com uma nota: isso varia de bebê para bebê. E a gente terminava torcendo para que o nosso, claro, caminhasse para o lado menos afetado. Com a regressão dos quatro meses, nós não tivemos como fugir. Sinceramente, até hoje eu me pergunto se alguém entrou na nossa casa e trocou por algum bebê gêmeo ao nosso. Parecia que tudo que tínhamos conquistado, lutado e persistido tanto para melhorar nossa rotina e a do nosso filho tinha ido por água abaixo. Como um desenho feito na beira da praia que fora levado com a primeira onda.

Um bebê do qual mal escutávamos o choro e, de repente, podia ser ouvido do outro lado do quarteirão. Um bebê que despertava duas vezes para mamar na madrugada e voltava a dormir agora, com sorte, despertava quatro vezes e já não voltava a dormir de jeito nenhum. Às quatro da manhã, era como se fosse meio-dia. Essa fase, mais do que todas, demorou dezoito vidas para passar. Eu e meu marido até hoje brincamos que era a Rave do Levi, que ele já deveria ter dezoito anos e nós ainda estávamos vivendo aquele momento em que seriam quatro da manhã e ele estaria batendo as pernas e falando sem parar como se fosse a hora de acordar.

Até que, um dia, aconteceu. Sentei-me no sofá da sala, com um peito de fora, murcho de tanto ser sugado, com tanta fome e com tanta preguiça, e escrevi para um grupo de amigas minhas: "Preciso de um abraço coletivo".

Eu me senti melhor só de digitar isso. Parei de escrever, vi que já começaram a enviar mensagens carinhosas e gentis, e eu chorava. Chorava o choro de quem mentalmente só se perguntava: *Por que nunca ninguém me contou disso? Ou será que me contaram? Será que eu não levei a sério? Será que eu não me lembro desse detalhe das tantas conversas que tive com outras amigas mães?*

Olhei meu celular e uma das minhas amigas me recomendou que eu tomasse um banho, fosse comer alguma coisa gostosa. Como ela sabia que talvez não conseguisse dormir, então nem mencionou isso para que eu não a xingasse, mas aconselhou-me a me reabastecer. Só amor não basta.

Naquele momento enxuguei minhas lágrimas e por um instante, como um milagre, eu não me senti como se a vida estivesse por um fio. Nada daquilo estava acontecendo por falta de amor, nada daquilo estava acontecendo porque não tínhamos controle da situação, nada daquilo estava acontecendo, pois fomos sorteados na roda do carma. Aquilo estava acontecendo porque era uma vida. Não era um robô. Era uma vida que precisava de amor, muito amor, mas que também tinha o seu tempo de amadurecimento. Era uma vida que não precisava viver e ser segundo as minhas expectativas.

Sempre que falamos sobre as expectativas de ter um filho, pensamos que isso engloba seus gostos, se ele será administrador ou músico, gostará de rock ou pagode, se interessará por esportes ou livros. Nunca pensamos pela ótica da criança, daquela vida que pouco importa que profissão terá, que música vai ouvir ou que look vai vestir. Essa vida se importa com o que importa. Com quanto ela poderá vivenciar, com a forma como vamos acolher seu choro, com a maneira afetuosa como poderá se desenvolver e se descobrir, como vai desvendar o mundo por ela mesma e sem tantos marcos de meses e idade para atingir.

Meu filho não nasceu para me agradar, nem para me obedecer. Ele nasceu para crescer, dialogar e questionar o mundo junto comigo. Isso já começava agora, mesmo ele ainda parecendo um burrito enrolado.

Como todas as fases, a regressão de sono dos quatro meses (com cinco meses) passou. Aprendemos que não somos responsáveis por fazê-lo dormir a todo custo, que tudo bem acender um pouquinho a luz, tudo bem ter caos, mas não precisamos entrar dentro dele. Choramos, cansamos e aprendemos.

———

Passou. Assim como uma onda do mar que vem e vai, apagando a areia e deixando-a como nova, ficamos novos. Renovados. Ficamos mais fortes. Ficamos mais resilientes. De tudo que meu filho me ensinou, mesmo sem falar ou sequer perceber o mundo à sua volta, ele me fez mais humana.

Até hoje, quando falamos em ter mais filhos, lembramos rindo dessa fase. Passamos a mão no rosto, abrimos a boca surpresos não só com como sobrevivemos, mas como tiramos um bom caldo de tudo que aconteceu. Olhamos um para os olhos do outro, olhamos para as fotos antigas e falamos quase em uníssono: "Mas, olha só, eu não trocaria nada por sentir esse cheirinho de novo. Mas hoje faria diferente, pois hoje somos diferentes. Hoje sabemos que só o amor não basta". Não porque o amor é pouco, pelo contrário, mas porque o amor é humano.

Talvez por isso existam várias coisas que ninguém conta sobre a maternidade. Isso é o que eu tenho para contar.

QUANDO OLHO PARA O MEU FILHO...

Um dia estava observando meu filho mamar. Comecei a lembrar de quando ainda era possível segurá-lo em apenas um dos meus braços e colocá-lo sem esforço no ninho de tecidos que ficava ao lado da nossa cama. Era leve, tão leve... Não tinha o peso dos dias. Não tinha peso algum. Não carregava o peso de não saber se terá dinheiro para pagar as contas no final do mês ou se precisa consertar o vazamento do banheiro. Uma vida nova. Há vida.

Hipnotizada pelo meu filho, me perdi naquele momento. Olhando o tamanho das suas mãos, tentando decorar a maciez dos seus pés e respirando fundo para não deixar que minha mente pensasse em outra coisa.

Agora estou aqui, agora estou aqui. Eu deixava reverberar dentro de mim.

Meu celular notificou-me de um e-mail, eu precisava olhar. Talvez fosse um pedido de orçamento, talvez fosse algum erro no contrato que enviei com doses insuportáveis de sono no corpo, talvez fosse spam do restaurante mexicano a que fomos um ano atrás. Olhei, e, para minha surpresa, era uma mensagem cobrando resposta de um orçamento. Na correria, eu comecei a selecionar as respostas mais urgentes e não tinha percebido aquela mensagem. Ali, a empresa carinhosamente sugeria que eu escrevesse um texto e fizesse uma foto para sua nova campanha, que abordava as primeiras experiências de vida. Na mensagem, a fim de dar uma referência de como produzir, escreveram: "Como você faz lá no canal do YouTube, sabe?". Eu coloquei o celular ao lado e respondi em voz alta: "Não, eu não sei. O que eu fazia mesmo?".

Eu juro que sofri. Naquele momento eu sofri. Eu não lembrava o que eu fazia. Foi quando olhei meu celular, tentei procurar uma foto minha. Não tinha. Tentei encontrar um texto que mencionasse somente eu, mas não tinha. Busquei por um texto sobre qualquer tema que não fosse ser mãe, ter filho, parentalidade... nada. Minha última tentativa foi buscar as conversas com minhas amigas: "Tem que ter algum outro assunto ali, não é possível...". E nada. Fiquei tão injuriada que pensei em olhar as pesquisas que fiz no Google. Talvez eu tenha pesquisado algo sobre pandas. Minha última pesquisa tinha sido "Bebê desperta às quatro da manhã falando o que fazer".

Meu filho tinha terminado de mamar, limpei sua boquinha, segurei ele no meu colo e, rindo, falei em voz alta: "Que que eu faço da vida, filho?". Mas, por dentro, eu me decompunha.

Fiquei o dia todo pensando, pensando, pensando e não conseguia responder. Não conseguia lembrar como eu criava pautas interessantes, não conseguia entender como eu tirava reflexões até de onde não tinha. Ali, me senti como se não tivesse mais espaço para mim naquela rotina. Estava tomando banho, escovando os dentes, colocando uma roupa legal, alguns dias da semana eu até corria de manhã, mas não pensava mais em mim. Eu não pensava em mais nada.

Eu não queria nem pensar, na verdade.

Em muitos dias eu queria que a vida fosse como um garçom que me perguntasse se eu desejava o cardápio ou o especial da casa, para que eu pudesse responder que queria o especial da casa com ketchup. Ketchup salva tudo. Eu não tinha tempo para gostar ou desgostar de nada. Eu não podia mais me dar ao luxo de ter tempo de não gostar de algo, eu tinha medo de gostar demais de algo e não poder me dedicar a isso também.

Porque não é só uma questão de organização ou vontade, é sobre renascimento.

Eu queria ser, mas tinha medo. Tinha medo da minha nova versão. Tinha medo de me frustrar, mesmo não sabendo o que me esperava. Pois a realidade agora não era mais sobre mim. A realidade era sobre nós, sobre o tempo dele, sobre a vida dele. A realidade não tinha um garçom. A realidade tinha um menu especial da casa, o meu filho, que eu amava demais. Amava tanto que não conseguia me lembrar da minha vida de antes. Pois mal lembrava que dia da semana era.

O mais desgastante era não dizer nada disso. Por isso, escrevo. Aqui, enquanto digito, sinto o mundo batendo no meu peito. Sinto que posso ser sincera, sem por isso amar menos o meu filho. Sem precisar me justificar o tempo inteiro por ser humana, por sentir saudade da vida que ficou para trás, mesmo que eu não troque a vida de agora por nada. Não me faltava força, nem coragem, me faltava uma pausa. Pausa. Me faltava uma dose de respiro para enxergar que não me faltava nada. Eu só precisava compreender que a vida dele não seguia o mesmo fluxo do relógio ou do meu calendário. Me faltava uma pausa para ver com mais clareza.

O tempo era outro. Eu seria outra diversas vezes — no mesmo dia. Com ele, a vida não pedia pressa. Era desse freio que eu precisava agora.

Enquanto meu filho acordava da sua soneca, eu olhava ele se mexer pela babá eletrônica. Estava sentada na grama no quintal da nossa casa, puxando um matinho da terra e esticando meu corpo para me levantar. Espreguicei meus braços, alonguei a coluna. Eu estava pronta.

Não existia antes, não existiria depois. Tudo está.

Nesses últimos seis meses, se tem algo que eu fiz foi estar pronta. Vinte e quatro horas por dia. Manhã, tarde, noite, madrugada, estive pronta. Sem perguntar se a demanda do dia seria fácil, difícil, surto de amor ou de cansaço, estive pronta.

Estava ali, em pé e pronta. Olhava para a babá eletrônica enquanto limpava meus pés para entrar no nosso quarto. Olhei para os olhos do meu filho, e ele estava me esperando. Já sabia que eu viria, já sentia meu cheiro. Meu filho não queria estar em outro lugar senão ali. Meu filho não conhecia outra vida além dessa. Não sabia outra forma de dormir e se alimentar senão em mim.

Olhei para o meu filho e chorei. Chorei um choro de alegria, esperança e cansaço. Segurei-o em meus braços e agora tudo que sinto, mesmo que ainda não entenda, faz sentido. Tudo está caminhando para outro lugar, para um novo ritmo, um novo espaço, todo dia. Todo dia um pouco mais, todo dia um pouco além. Isso assusta, é irritantemente delicioso. Isso talvez seja ser mãe, é como conhecer um novo amor. Só que todo dia. Só que nem ele, nem eu, nem o amor somos mais os mesmos.

Naquele dia, eu não me lembrei do que fazia da vida antes, mas em outros tempos eu pude lembrar.

Eu não tinha me perdido, eu não tinha largado a minha vida, eu não tinha para onde voltar: eu não era mais a mesma. E, com meu filho nos braços, eu sentia que poderia ser o que quisesse. Não romantizei meu cansaço nem a maternidade, mas me apropriei de todo o poder que a maternidade me fez ver em mim. Sobre me apropriar de toda a experiência que estava vivendo ali, ao criar o meu filho. A sociedade me fazia acreditar que eu precisava voltar para alguma coisa e me afogava nessa sensação de que perderei tempo de trabalho, mas na verdade eu estava recomeçando. Renascendo um pouco todo dia, mesmo quando aos olhos de fora parecia improdutiva.

Essa era a minha carreira. Esse era o meu sucesso. Eu não precisava mais de um cardápio, eu estava criando o meu menu especial só com o que importava para mim. Não estava sendo fácil, mas todo dia passava um pouco, todo dia me convidava mais um pouco. Naquele momento, olhando para o meu filho, mesmo não sabendo de tudo, eu só sabia que estava pronta. Para qualquer coisa. Agora. Antes, eu já fiz o que precisava ter feito.

Não sei o que vai ser ou o que me espera, mas, enquanto luto, carrego o mundo todo em meus braços.

Estou pronta, mundo. Vocês nem imaginam o que virá — nem eu. A cada dia faço as pazes com isso e comigo quando olho para o meu filho.

TÁ RUIM? TÁ BOM?
VAI MUDAR...

Uma coisa que ninguém me contou foi que a maternidade testaria todos os meus níveis e subníveis de resiliência. Passei uns bons anos trabalhando dentro de mim esse jogo de cintura com a vida. Eu costumava ser muito impaciente com o tempo, processos e em seguir uma determinada rotina. Queria atropelar tudo para fazer acontecer. Muitas vezes, quando nada acontece algo também está acontecendo.

Eu precisei de muitos nadas acontecendo para entender. Viver também é ócio.

Anos depois, a rotina se tornou o meu sobrenome. Percebi que ter uma certa previsibilidade das coisas não seria empecilho para me divertir e realizar minhas atividades e compromissos. De fato, percebi que a rotina, quando aliada à disciplina, seria impulso para a concretização dos meus sonhos — bonito, né? Embora bebês não funcionem como uma tabela de Excel, eu e meu marido estávamos desesperados por uma dose de rotina na nossa vida.

Depois de seis meses de mãe, eu pensava que poderia ter o mínimo de ordem e controle de algumas coisas. Mas não. Quase nada, e nada já era alguma coisa talvez suficiente para nós.

Começamos a dividir nosso tempo entre casa, trabalho, bebê, fazer as refeições e atividades pessoais. Após eu amamentar pela manhã, meu marido ficava com Levi até a próxima soneca. Ao acordar, eu ficava com ele, e após a última soneca nos revezávamos ou deixávamos tempo livre para quem estivesse com reuniões ou mais tarefas para fazer de trabalho.

Em alguns dias parecia que a nossa vida era como uma orquestra. Tudo saía perfeitamente impecável. Mamadas eficientes, sonecas longas, almoço feito na hora, outra soneca longa, reunião começando pontualmente, sonequinha na cadeirinha enquanto pegávamos um café da tarde para comer assistindo ao pôr do sol de dentro do carro em cima de um morro. Nossa melodia ensaiada, e a vida parecia que estava nos eixos.

Outros dias pareciam que éramos completos estranhos. Nada funcionava, nada dava certo, nada acalmava, nada fazia dormir, nada, nada, e nada saía minimamente organizado. Em um desses dias, entre uma garfada e outra de macarrão do almoço apressado, nós trocávamos breves olhares e era possível ouvir o coro: "Será que vamos sobreviver até a noite?".

Alguns dias sobrevivemos, alguns dias nos surpreendemos, alguns dias nos deixamos um pouco pelo caminho.

Precisamos de todos esses dias para entender que todos os dias valem nossa presença. E que o sucesso da maternidade não está no que funciona, mas no que é respeitoso, acolhedor e apaziguador para o momento.

A partir dali, a rotina ganhou um novo simbolismo. A rotina dava o ritmo, mas não o que iria acontecer. Era uma dose de certeza. Como uma boia salva-vidas a que podíamos nos agarrar.

A sinfonia da maternidade é como o ritmo da vida. O movimento nunca é constante, nunca é sempre igual, mas está ali. E, quando pensamos que está fora do ritmo, na verdade precisamos mudar a nossa frequência e nos sintonizar mais uma vez. Quantas vezes forem necessárias.

O tom dessa música é assim: acostumou-se com a rotina? Vai mudar. Pois é na inconstância e no movimento que crescemos. E, se você parar para enxergar quanto um bebê evolui em um único ano, consegue entender por que tanta manutenção nesse sistema.

De seis sonecas diurnas para uma. De oito cocôs para um ou dois no dia. De oito mamadas por dia para duas até nenhuma. De um ser humano enroladinho no seu casulo em um ninho para um bípede. Só crescemos quando existe movimento, só evoluímos quando permitimos que o ritmo da vida cause feridas na nossa ânsia por controle, mas que flua como uma passagem.

Com meu filho, passei poucas e boas tentando entender nossa nova rotina juntos. Ainda passo, e, como tudo, passa... E muda de novo. E de novo. Tudo novo.

Claro, existe uma exceção. Quando se trata da construção da nossa relação: Ficou bom? Não vai mudar, e sim transmutar.

E essa é a minha boia salva-vidas de todos os dias. Tudo se renova.

PRECISO DE FÉ(RIAS)

Nunca achei que precisava de férias na minha vida. Nunca. Sempre adorei me manter ocupada, sempre amei trabalhar até mesmo quando trabalhei em uma multinacional e era insuportável estar ali: eu gostava da sensação de ser útil. Eu gostava de preencher os meus dias.

Estava acostumada a ouvir como elogio as frases "A Isa não para quieta" e "É difícil derrubar a Isa, hein?". A vida tinha me treinado para aguentar, mas, nesse momento, meu filho me ensinava a explorar. Esse era o seu convite desde que chegou ao meu mundo.

Com sete meses e meio, começamos a apresentar os alimentos para Levi. Nossa maior missão era que ele tivesse um encontro respeitoso e divertido com cada uma das frutas e legumes que estivessem na sua frente. Cortamos as frutas em pedaços grandes para que ele agarrasse e levasse à boca — ou melhor, a qualquer canto da casa, do seu próprio rosto, nos cachorros e em nós.

Caos, sujeira e altas doses de fofura. Era essa a fase. Ele olhava para cada um daqueles pedaços de comida e não sabia que era comida. Segurava, e eu podia ver nos seus olhos que estava deslumbrado com tudo: texturas, cheiros, formatos e sabores. Sabores além de mim.

Eu não me iludi de que a introdução alimentar seria a minha salvação para que meu filho mamasse menos. O que foi bom, pois nas primeiras semanas ele mamava ainda mais. No fundo de mim, algo também torcia para que fluísse bem, para que, quem sabe, eu pudesse me lembrar de como era programar o dia sem estar com a cabeça tão focada em como iria colocar o peito para fora para ser seu alimento. Sabia que levaria tempo. Foram sete meses de líquido, sete meses do mesmo sabor e do mesmo afago. Era a primeira vez com um morango nas mãos, e eu não imaginava por onde começar a limpar tudo aquilo enquanto minha mente vagava nesses pensamentos.

Sentada na sua frente enquanto assistia a um morango sendo esmagado por aquelas minimãos, eu sentia um orgulho imenso. Meu filho, segurando um morango sozinho. Ainda que ele não soubesse o que estava fazendo, nem no que daria ou que objetivo tinha. A vida não é só sobre saber o que está fazendo. É sobre explorar.

Sempre me imaginei sendo a mãe que faz comidas e lanchinhos. Então, essa fase da introdução alimentar era como um playground para mim — para os meus sonhos. Era conflituoso admitir que a fase que eu mais sonhei em viver era a que mais me deixava cansada. Era doloroso admitir que eu não estava sendo a mãe que eu imaginava. Aquela que corta as frutas sempre com o sorriso no rosto, coloca em um pote bonito, inventa um formato diferente e entrega para seu filho que espera sentado à mesa. A realidade era um tapete de atividades no meio da cozinha distraindo o bebê por alguns minutos para que eu conseguisse cortar as frutas, fizesse meu café da manhã, enquanto cantava alguma música para ter atenção do bebê que aprendeu a dar gritinhos e queria que eu fosse até ali — e eu fui, afinal ele engatinhava em direção à tomada.

"Cinco minutos sem interrupção", era minha súplica interna. Era o meu choro calado. Era o aperto no meu peito que ardia. Não queimava, não me aquecia, não iluminava, ou seja, não prestava para nada, só ardia. Só me incomodava. Eu, ainda que me incomodasse a ideia de admitir, estava sempre dividida. Parecia que não conseguia explorar o ser mãe, ser profissional, ser eu. Eu queria férias.

Em vez disso, pegava a bandeja suja, o babador encardido e caminhava em direção ao tanque para lavar e dar tempo de secar para o próximo lanchinho. Essa fase foi o sinônimo de agridoce. Era deliciosamente cansativo apresentar o mundo, e era incrivelmente surreal ver o meu bebê devorando a vida com todos os seus sentidos. Deixei minhas expectativas de lado e continuei entregando meu peito e meu tempo em livre demanda à medida que ele conhecia sabores no seu próprio tempo.

Um dia nos sentamos para mais uma refeição. Tudo agora seguia uma organização diferente. Deixamos tudo o mais adiantado possível na geladeira, e mesmo assim a hora da refeição sempre parecia uma gincana. Já tinha aceitado e aprendido a rir de mim mesma, sambando na situação.

Nesse dia, meu filho, que já balbuciava muito, olhou para o copo na sua frente e disse "aga". Eu não disfarcei nem um pouco o meu sorriso, segurei o copo, estendi em sua direção e disse: "Água?". Ele inclinou o corpo para a frente, encaixou as mãos e os lábios e bebeu água do meu copo. Ao terminar, ele sorriu. Sorriu, riu, gargalhou. Tanto que eu não conseguia parar para pensar em mais nada além de assistir à sua satisfação. Não filmei, não fotografei, não consegui chamar meu marido para ver. Só suguei aquele momento para dentro de mim.

Quando ele cessou o riso e esticou as mãos para pegar um pedaço de cenoura na sua frente, eu disse: "É bom falar, né, filho?".

É. É bom. Por que eu não falava, então? Por que eu me mantinha em silêncio, trancada a mil chaves dentro de mim? Era fácil, cômodo, era como controlar a bagunça mesmo sabendo que um dia eu precisaria tirá-la dali de dentro de mim. Estava adiando o inadiável.

Então eu contei. Contei que estava cansada. Contei que agora ele não ficava mais o tempo todo no meu colo já que ele poderia desbravar o mundo, mas isso também me cobrava para dobrar a atenção. Contei que eu não queria usar meu celular na frente dele o tempo inteiro, mas que tinha amigas e pessoas que me convidavam para conversar e eu sentia saudades dos assuntos dos adultos. Contei que sentia falta de estar sozinha com meu marido e que sentia medo de nem sempre ser a mãe que eu queria ser. Contei que eu queria que a gente não precisasse estar sempre para lá e para cá, mas que a vida era esse corre. Contei muito, contei meu tudo. Contei minha luz e contei minhas sombras. Isso durou o almoço inteiro. Até que, finalmente, eu disse com todas as letras: "Filho, eu preciso de férias".

Meu marido estava terminando uma reunião na outra sala e ouviu o que eu disse. Veio até a minha direção, e pude ver a surpresa nos seus olhos. Ele estendeu a mão para mim e disse: "Infelizmente agora não será possível tirar férias, mas eu posso terminar de dar o almoço para ele". Eu sorri e caminhei em direção à cozinha, quando ele completou: "Não inventa mais nada para fazer, vai descansar, daremos um jeito depois".

Admitir que estava cansada tirou parte do meu maior cansaço, o esgotamento emocional. Grande parte de mim acreditava que isso estava incluso no pacote. Mas outra parte sabia que precisava criar um pacote novo. Um pacote que me servisse de forma confortável e possível. Não era sobre dar conta de tudo, não era sobre precisar aguentar. Era sobre aceitar que a mãe que eu imaginava ainda não tinha um filho. A mãe que eu imaginava estava vislumbrando uma cena muito à frente do tempo em que eu estava agora.

A mãe que eu imaginava não existia, era imaginada.

Eu era a mãe agora. Eu era a mãe que precisava de férias, mas, acima de tudo, precisava de fé.

Para isso, eu precisava me abrir. Abrir meu coração para receber minhas limitações e todas as palavras engolidas.

Essa foi a minha introdução para nunca me deixar esquecer de que não preciso engolir todas as minhas palavras.

>>> *Não devo me alimentar do que sinto sozinha. Falar é bom. Falar nos ajuda a explorar mundos internos e externos. Falar alimenta a fé.*

Mães, falem.

DORMIR É CONFIAR

Sofri para aprender a dormir. Na verdade, não conseguir dormir de manhã me fez sofrer muito. Sei que já contei sobre isso, mas na nossa atual cultura de alta produtividade sinto que nunca é demais lembrar: o descanso é produtivo.

Se a gente parar para pensar, dormir é uma coisa maluca. É para quem confia que o mundo continuará ali. Você vai fechar os olhos por alguns instantes, minutos, horas, e a vida continuará. O tempo vai passar, você abrirá os olhos e tudo estará ali. Como é, como está.

Nunca acreditei muito nisso. Essa foi a minha dor.

Meu filho veio para me ensinar muita coisa. Dentre elas, a dormir. Eu sei, é irônico.

Quando eu falo isso, todas as mães olham para mim em estado de choque total. Meu filho, bebê, me ensinou a dormir. Não sei se você sabe, mas "como ter uma boa noite de sono" e "como dormir melhor" são duas das frases mais pesquisadas no Google. E, obviamente, pesquisadas por adultos. Não sabemos dormir, desaprendemos a relaxar e queremos que um ser humano com poucos meses de vida durma melhor que nós.

Dormir é amadurecer.

Eu demorei anos para aprender a dormir. Demorei anos para largar mão do mundo e de como ele estará quando eu acordar. No fundo, eu queria dormir e acordar com a casa limpa, sem louça na pia, com os cachorros de banho tomado, sem pelo até na nossa alma e com meu marido também descansado. Eu queria um mundo mágico e fantasioso do que estávamos podendo ter e viver. Eu queria outra realidade e, em algum nível, busquei isso em boa parte da vida.

Não foi o cansaço que me fez dormir melhor, e não foi a privação de sono. O que me fez dormir melhor foi aceitar a realidade de que, ao fechar os olhos, tudo continuaria da mesma maneira. A louça me esperaria ali, meu marido não teria limpado o chão pois aproveitaria para responder e-mails, eu não conseguiria nunca ser duas coisas ao mesmo tempo. Nunca seria possível trabalhar, cuidar da casa, do meu filho e de mim, ao mesmo tempo.

Dormir é abrir mão. É para quem confia no colo, no calor do corpo e que a vida vai continuar. O mundo vai girar, e não há o que ser feito.

Uma tarde eu dormi. Eu lembro como se fosse hoje quando acordei. Não sei se haviam se passado duas horas ou vinte minutos, mas eu abri mão de ter a vida nas minhas mãos, fechei os olhos e me concentrei em mim. Eu me lembro de que, naquele momento, acordei com a mente leve, os pensamentos esclarecidos, ainda cansada, mas livre de uma pressão interna que martelava minha mente. Eu não sentia que iria explodir por dentro a qualquer momento. Eu aliviei a minha pressão. Eu cuidei de mim. Cuidei de quem iria cuidar.

Fui até o ninho em que meu filho cochilava, segurei sua pequena mão e disse a mim mesma: "Agora eu sei por que suas sonecas são importantes pra você. Agora eu sei por que você acorda mais repleto de si. Agora eu me entendo, eu te entendo".

Agora eu confio que o mundo que vale a pena vai me esperar para viver.

Abro mão.

Confio.

Livre de — boa parte — da culpa.

Posso descansar o coração em paz.

MÃE ESTÁ AQUI

"Mãe está aqui."

Essa frase sai espontaneamente quando amparamos nosso filho nos braços, mesmo quando o ser mãe ainda é tão vago.

A primeira vez que a pronunciei em voz alta me soou quase como um hino. Em uma daquelas madrugadas chorosas, com um bebê sendo bebê e aprendendo a viver... junto com a gente.

Quando chora, quando sente fome, quando quer peito, quando quer colo, quando quer dormir ouvindo nosso coração, quando sente frio, quando precisa ser trocado, quando fica entediado, quando não sabe o que quer... a fala sempre funciona. "Mãe está aqui."

Confesso que às vezes falei, nem sei o porquê, porém eu não estava totalmente ali.

Estava com a cabeça calculando quantas horas de sono eu teria, tentando me lembrar de responder àquela mensagem da amiga de duas semanas atrás, lendo algum texto informativo sobre como fazer o melhor para o próprio bebê. E ele só queria a mim. Ali.

Em um dia como esse, em que a presença de corpo é automática mas a alma ainda nem acordou, pude me ouvir dizendo "Mãe está aqui". Esse foi o momento em que me ouvi. Claramente, como um mantra. Como um chamado.

Eu diria isso para me chamar. Eu usaria dessa frase para me lembrar de que precisava estar ali.

Naquele dia eu percebi que esse era o lembrete para não deixar escapar nem um instante sequer. Apesar do sono, do acúmulo de coisas, do não saber enquanto sou porto seguro de alguém.

"Mãe está aqui". Essa seria minha resposta.

Quando o sol iniciou o dia, entrei no seu quarto para dar bom-dia e ele me recebeu com um sorriso único. Toda vez. Ele me olhou fundo nos olhos e me saudou. Sentei-me no sofá para oferecer tudo que carregava em mim no peito e, enquanto ele mamava, respirei fundo mexendo nos seus cabelos finos, seus olhos ainda me fitando.

"É assim. É aqui. Vou honrar o seu tempo, filho." Eu disse e não sei o porquê. Não medi as palavras saindo pela minha boca. Com ele em meus braços, eu via que ali estava o respiro que procurava no dia.

Naquele breve instante eu percebi que ele estava ali única e exclusivamente para mim. Eu queria honrar isso. Decidi honrar o seu pedido para mamar, brincar ou estar colado em meu corpo como um convite da vida para viver um pouco por vez. Viver longe do caos adulto. Uma pausa de todas as obrigações que em algum momento eu iria realizar.

"Mãe está aqui" é o meu convite para estar inteira. Dizer isso não deixa nada mais fácil, deixa mais vivo. Pois quando estou inteiramente com ele... Ah! A ocitocina, nos carrega.

Então respiro fundo... Profundo. Alcanço meu coração, abstraio o que passou e o que virá. Estou. Aqui. Sinto o coração dele no meu. Tudo passa. Tudo vem. Tudo é. Somos.

"Mãe está aqui". Para ele. Para mim. Renasci.

Em quase oito meses, quando digo: "Mãe está aqui", minha cabeça me pergunta se está mesmo. Me analiso, me convoco. Respiro. Sinto os pés no chão e o coração que agora bate fora do meu peito.

Tô aqui. Aqui e agora.

Por mim. A mãe está aqui.

NUNCA MAIS SEREMOS

os mesmos

(uma adulta que precisa se lembrar de brincar)

O MUNDO É UM PLAYGROUND

Sempre me considerei uma pessoa divertida. Quer dizer, meu sobrinho vive dizendo: "A tia Zeiba (meu apelido na família) é legal", e eu nunca vou me esquecer da primeira vez que ele me disse isso depois de fazermos juntos uma receita de bolo em uma quarta-feira qualquer.

Eu sempre tive uma visão realista da maternidade, eu diria. Sempre acreditei que tomaria as decisões que precisasse de acordo com a informação que eu teria na época e com o que eu poderia entregar como meu melhor ao meu filho naquele momento. Sempre estive consciente de que faria o meu possível e por mim tudo bem lidar com exceções de vez em quando.

Dentre muitas qualidades, eu me imaginava uma mãe divertida.

Aquela que nunca pensaria nem por um segundo em não oferecer colo, não reclamaria de estar o dia todo ouvindo gritos desafinados e estridentes, teria uma receita de bolo decorado para fazer e não cansaria de ver ideias de atividades montessorianas e Waldorf para fazer todos os dias.

Quase oito meses depois, me peguei observando meu filho interagindo com o mundo. Ele amava cada descoberta, adorava ver como a respiração da boca próxima do vidro o deixava embaçado, queria arrancar e devorar as páginas dos meus livros, tirar todos os potes dos armários e jogar no chão as velas aromáticas que ficavam na mesa da sala.

Nunca fomos apegados a pertences, mas eu tinha algumas poucas coisas que queria salvar e que começamos a colocar dentro de um armário para não precisar ficar o tempo todo dizendo "não" ou preocupados se a conta de luz tinha sido engolida — o que aconteceu com algumas cartas que escrevi para meu marido que ele guardava entre as páginas dos livros.

Nossa casa tinha uma decoração diferente: nenhuma. Aderimos ao total minimalismo sem precisar de guia ou passo a passo. Nossa casa tinha cara de nada além de "aqui mora um bebê", e estávamos em paz assim. Nós e nosso filho que vivia todo dia arrumando algo novo da casa para brincar que ia do controle da TV, pá das plantas, pano de prato, copo e chave do carro. Nenhum brinquedo que brilhava e tocava música era tão atraente quanto o controle remoto. Nessa hora, agradeci à minha pessoa do passado por não ter comprado infinitos brinquedos.

Coisas corriqueiras viravam novidade para ele.

Era uma nova fase que começava na nossa vida. Era uma nova fase para eu aprender a abrir espaço. Apesar de ser fácil abrir mão do espaço da casa, do tempo, do ócio e da imaginação, não foi simples assim dentro de mim.

Eu precisava me interessar completamente pelo mundo dele. Precisava mudar o meu olhar de uma vez por todas. Eu, que almejava uma hora no dia para ter uma conversa sobre assuntos de adulto ou tentar não pensar em nada. Eu, que ainda precisava continuar existindo em um mundo em que trabalhar doze horas por dia é considerado normal.

Eu precisava encontrar o caminho do meio. Era óbvio, eu sabia. Mas a prática era desafiadora e frustrante. Pois a minha comparação era o tempo todo provocada pelo contato e pela proximidade que eu tive com o crescimento do meu sobrinho. Mas, ali, eu não era mãe. Ser uma tia sempre divertida era simples porque eu era tia. Eu encontrava meu sobrinho depois de uma noite tranquila de sono, eu o visitava com a cabeça fresca, eu o encontrava sem me preocupar com o que ele iria comer de duas em duas horas ou em como estava seu intestino. Eu era tia. Uma tia bem legal. Agora, eu precisava aprender a ajustar minhas expectativas e a representar meu novo papel — que não exclui todos os outros que exerço diariamente.

Como me entreter com peças de madeira tendo que lavar louça? Lavar roupa? Fralda? Fazer comida pontualmente? Como ver graça naquele momento em que minha mente faz cálculos mentais do orçamento do mês e de quanto entrou de trabalho? Eu queria conseguir apreciar ainda mais o meu filho.

Um dia eu tinha tanta demanda de trabalho que já tinha acordado pensando que precisaria viver três dias em um. Fiz a besteira de desbloquear o celular, recebendo tantas notificações que precisei descer a tela três vezes. Até que escutei o resmungo do meu filho. Foi como um aviso, uma notificação da vida me chamando.

Meu filho me tirava do caos. Meu filho era meu ponteiro de paz, pois com ele eu poderia ser o que quisesse, inclusive criança.

Você já deve imaginar que naquele dia eu não fiz metade do que precisava fazer. Porém, tinha aprendido que nem sempre o problema é o caminho, mas a nossa forma de caminhar. Nem sempre serei uma mãe legal, nem sempre serei uma tia legal, nem sempre sou uma pessoa legal. Mas posso sempre ser gentil, respeitosa e amável. Era isso que meu filho fazia todos os dias. E é esse o mundo que eu quero que ele conheça. Um mundo em que as pessoas são humanas, têm obrigações e passam por dias enfadonhos, mas que encontram um ponto de paz em meio ao caos ao serem alcançados por sua criança interior.

É essa criança que admira o céu, que acha o controle remoto incrível e pede colo sem pensar no que está marcado na agenda.

Minha criança nem sempre será a notificação mais urgente, mas é a mais importante. O chamado do meu filho era para levar a vida a sério, tão a sério que eu não poderia deixar de me divertir enquanto vivo minha única chance de sugar a vida.

É divertido ser sua mãe, filho.

COLO PARA ELE, PARA MIM E POR MIM

Quando eu era criança, sonhava que mudaria o mundo através do amor. Sempre achei que é aí que mora a beleza de ser criança: crianças acreditam sem o "mas" que os adultos acrescentam depois dessa frase. Crianças são corajosas, acreditam por simplesmente acreditar.

Não sei em que momento eu deixei esse sonho de lado. Não por não acreditar no amor ou na força do que é bom, mas por ter sido atropelada pela vida, ou melhor, pelo modo automático dela, atropelada por banco de horas e uma vida que eu não acreditava para mim. A realidade era de uma menina com dezesseis anos, trabalhando na área de processamento de dados e com a expressão no rosto de quem tem trinta anos de carreira e alguns sonhos enterrados no travesseiro. Essa era a minha sensação perante a vida.

E, dessa forma, a vida se tornou real demais. Quando caímos na ilusão de que a vida sempre se compra, ironicamente esquecemos que isso tem um preço alto e incontável a ser pago. Nossa própria vida. Eu não estava disposta, mas foi por pouco que não fui pega.

Sair de um emprego que eu odiava, mas pelo qual eu era grata por ter me possibilitado pagar parte do meu último ano no colégio e a aula de teatro que eu sempre sonhei em fazer, foi uma libertação. Não era o emprego, não era a função, mas era tudo somado ao fato de que eu não me importava com nada daquilo. E eu queria acordar com uma missão. Executava com excelência o que me pediam, queriam que eu seguisse carreira ali, mas eu devia algo à minha criança interior. Eu ainda acreditava simplesmente por acreditar e queria continuar acreditando.

Mas eu não sabia como fazer isso. Eu não sabia como acolher todas as dúvidas e culpas que estava sentindo. Eu nunca fui boa em dar colo para mim.

Embora seja uma pessoa capaz de oferecer suporte e ser um excelente ombro para as pessoas que amo, eu sempre me tratei na base da palmadinha no ombro. *Vai, você consegue! Descansar? Para quê? Virar a madrugada trabalhando? Claro! Você pode.* Eu dava ouvidos para o meu corpo, eu sabia que o que ele estava me pedindo era o caminho mais equilibrado, mas não lhe dava voz. Não dava a devida importância, sempre pensava que suportaria mais.

Eu não dava espaço para algo em mim que queria florescer. E o afeto é o fermento para o florescimento.

Foram anos de desencaixes. Foram anos de adaptações internas para que eu pudesse me sentir confortável comigo. Confortável com meu cansaço, meus medos e os espinhos. Foram anos aprendendo a ser colo para mim mesma. Não por não ter outra opção, não por não ter amigos, não por não ter ninguém ao meu lado, mas por ter como primeira opção alguém que me conhece, confia e acolhe. Eu mesma. Eu precisava de mim.

Eu estava aprendendo o poder do afeto, a potência do acolhimento.

Eu tinha resgatado dentro de mim que poderia mudar o mundo assim. Sendo colo. Para isso, eu precisava ser colo, primeiro para mim.

À medida que vivia toda essa transformação interna, eu mantinha uma linha paralela, como uma artéria do meu coração que fosse dedicada ao sonho e à minha missão de ser mãe. A missão de criar com afeto, apego e colo — meus primeiros itens do enxoval.

Então, onze anos depois disso e oito meses depois que meu filho nasceu, comecei a ver a vida além de tudo que eu sonhava em ver. Ele já começava a ver a vida além de mim, interagia com o mundo e cabia perfeitamente nas minhas ancas. Eu já respeitava o meu descanso, gerenciava a minha agenda com mais franqueza para com a minha fase e me via cada vez mais como um pilar de todo aquele sistema que montamos. Ser mãe era minha vida. E as renúncias não me doíam mais em boa parte do tempo.

Não me iludo em achar que será sempre assim. Eu sei. Teremos dias difíceis, dias em que a coluna vai travar, uma batalha será travada com a paciência e a disponibilidade e precisarei de toda a minha resiliência emocional para ser porto seguro. Mas sempre foi meu objetivo.

Estávamos em tempo de florescimento. Meu filho com suas habilidades e seus marcos de crescimento, e eu nas minhas fases como mulher e mãe.

Meu filho me procura. Meu filho se deleita no meu colo. Meu filho tem em mim um porto seguro para qualquer dia e qualquer hora. Depois de meses sendo nós, eu enxergava o poder que nossa redoma formava, feita pelo meu corpo e pelo dele. Eu sabia que era nítido e queria que todas as pessoas que me mandavam mensagem dizendo que ele iria viciar em colo pudessem sentir o que eu estava sentindo.

Um dia, depois de ser colo e peito o dia todo, em que eu não tinha conseguido fazer mais nada, me precipitei. Antes que a frustração chegasse, olhei meu filho nos olhos enquanto ele sugava meu peito, e dentro dos seus olhos encontrei a minha resposta: eu tinha feito tudo de importante no meu dia. E eu acreditava nisso, sem nenhum "mas" depois. Eu acreditava.

"A mão que embala o berço é a mão que governa o mundo" é uma frase de Abraham Lincoln. Era assim que eu ia honrar o sonho da minha criança. Eu ia mudar o mundo através do amor. Essa era a minha revolução. E eu sabia que era só o começo.

O afeto pode mudar o mundo.

Sem nenhum "mas" depois. Eu acredito.

NÃO TENHO PARA ONDE FUGIR

Um dia eu quis fugir.

Quis ir para longe, bem longe. Eu não sei aonde. Queria ir. Ir.

Queria tirar meu corpo de onde estava, queria dar asas à minha mente, queria ver o que eu não conhecia: queria estar onde eu pudesse inventar a minha realidade. Onde eu pudesse ser outra coisa além de uma rotina programada e em um tempo que não é o meu.

Um dia eu quis fugir.

Quis ir para onde não tivesse rotina, choro, gritos, irritação além da minha. Um lugar onde eu pudesse prestar atenção em como eu me sentia, em que eu poderia respirar fundo ou enlouquecer um pouco sem me sentir responsável ou culpada pelo emocional de ninguém.

Um dia eu quis ser além de mãe.

Nesse dia, a vida doeu de ser vivida. Pois eu queria ser mãe, queria continuar sendo.

Queria ser colo, queria ser meus sonhos, queria ser suporte, mas não queria me deixar.

Queria ser uma mãe possível, mas meus sentimentos não entendiam como ser metade.

Queria ser tudo, mas não conseguia ser nada.

Nesse dia eu só queria um ar para respirar, mas minha voz perdeu o som para gritar.

Um dia eu consegui entender que não queria fugir de ser mãe. Eu não queria fugir de mim. Eu não queria fugir. Nesse dia, eu só queria ajuda.

ALGUNS DIAS EU SOU UMA PESSOA MELHOR

É muito comum ouvirmos que nos tornamos seres melhores depois de nos tornarmos mães. Sinceramente? Alguns dias eu não tenho tanta certeza.

Alguns dias eu bato no peito e falo com todas as letras: você me fez melhor, filho. Me fez ter mais empatia, ser mais solícita, flexível, carne e osso, me faz levantar toda manhã com um motivo a mais para sorrir.

Outros dias o mesmo peito estremece, querendo fugir de si para admitir: eu não sou mais tão legal assim.

Não sou mais tão legal. Nem meu cabelo que caiu, nem minhas roupas que não me representam mais, nem os assuntos que eu dominava, e parece que desaprendi a conversar. Será que ainda é legal estar ao meu lado? Ser minha amiga? Me ouvir contar sobre método BLW de introdução alimentar ou de como conseguimos fazer lavagem nasal sem o bebê se incomodar tanto? Alguns dias sinto que sobrou pouco de mim para outras partes que sempre foram tão minhas. Partes que sustentam meu castelo, partes que me definem por todos esses anos. Partes que, hoje, poucas vezes encontro.

Alguns dias eu não sei bem onde fui parar e no outro dia eu me encontro. Alguns dias eu consigo enxergar com nitidez que me modelo à medida que meu filho se molda e se abre para o mundo.

Eu sempre me achei meio oito ou oitenta. Ou eu estou ali, ou não estou; ou acredito por inteiro, ou saio fora; ou amo ou para mim é insignificante como um poste. Achar o caminho do meio sempre foi uma grande aventura. E, quando me vi mãe, precisei preparar minha mala — não a da maternidade, mas a de tudo que vivi, ainda vou viver e o que me narravam.

Desde que meu filho nasceu, eu sinto muito. Sinto tanto, sinto tudo. Sinto de uma forma que ainda não entendi bem e parece que tampouco tenho esse tempo todo para sentir. Não consigo mensurar onde começa e termina. E nessa mesma intensidade eu sei especificar bem onde o calo aperta, dói e me esmaga.

É oito ou oitocentos.

É começar o dia caindo da cama, pensando que vou durar até meio-dia e ver um sorriso para acreditar que tudo é possível. A vontade é de travar qualquer luta e de pedir socorro. A necessidade é de precisar enfrentar o mundo e querer esconder a cara no travesseiro. É força para realizar tudo que sonho e chorar no chuveiro por não saber como fazer rolar. É saber que preciso respirar fundo e querer gritar para os quatro ventos sem nem saber por onde começar.

A maternidade me fez sentir o nível máximo da minha covardia e o extremo da coragem que eu nem sabia que existia em mim. E eu busco encarar isso nos olhos, assim como correspondo ao olhar do meu filho.

A maternidade me fez enxergar que eu não preciso ser uma coisa só e que uma coisa não anula a outra. Sou tudo, inclusive uma pessoa melhor.

Sou carne e osso. Sou muitas. Sou uma porção de coisas legais e outras vezes um porre total.

Ainda que o caminho pareça, sim, oito ou oitocentos, cheio de extremos e um vendaval de sentimentos, sigo flutuando conforme é possível.

A maternidade me fez sentir. E isso fez com que eu me enxergasse mais humana.

Ser mãe me mostrou que existe um caminho do meio e, além de ser o possível, é o único mais leve. O caminho da humanidade.

Sou uma pessoa — inclusive melhor, por ter consciência e respeitar o que sou.

DE CINCO EM CINCO MINUTINHOS

A maternidade é como navegar. Antes de o filho nascer é como estar boiando pelo mar. Depois de seu nascimento é como diversas pequenas ondas rápidas e curtas. Ondas que passam e vão ao nosso encontro. Algumas você nada, de outras engole um pouco de água. Você vai encontrando o equilíbrio, vai achando seu espaço, vai compreendendo que tudo logo mudará de novo e será preciso se preparar para retomar o ar antes de mergulhar outra vez.

Depois de alguns meses, você encontra o seu bote. Vai até ajeitar a decoração dele. Começa a querer expandir, confia que consegue navegar nos dias mansos e nas turbulências. Porque não é sobre estar tranquilo sempre, é sobre continuar fluindo.

Esse momento chegou mais ou menos aos oito meses do meu filho. Foi quando tive olhos, coração e alma para outras coisas e assuntos. Antes disso eu me envolvia, mas não tinha a mesma entrega, nem a mesma magia. Antes disso, parecia que eu não tinha tanta saudade de mim. Estava tudo bem. Nessa fase, ele já explorava o mundo e eu assumia uma nova posição: ser segurança, não que antes não fosse, mas ele me queria menos, bem menos que antes. À medida que eu o guiava pelo mundo, ele avançava e conquistava seu espaço.

Não existe retomada da vida de antes da maternidade. Esperar que você volte de onde deixou é a receita para a frustração. E eu caí nessa.

Era impossível manter a frequência de livros, filmes, séries, respostas para amigas, interagir nas redes sociais, mandar fotos para parentes, fazer vídeos, cuidar de mim, e-mails, ideias para trabalhos. Impossível. Ilógico. Mas dava saudade.

Lembro-me de chorar por um dia todo quando eu realmente percebi que não, nada mais seria nem perto de como era antes. Minha mãe sempre repetia que mãe não tira férias. Durante anos eu a ouvi dizer essa frase, e agora me faz sentido. Eu queria ser mãe, mas também queria outras de mim.

Fiquei meses sem ler, e como me fazia falta olhar algumas páginas! Às vezes faltava ânimo, outras vezes batia preguiça de lidar com a frustração de não conseguir sair do lugar — em comparação com a minha vida de antes. Eu precisava mudar o referencial ao qual me comparava. Precisava atualizar minha visão da minha própria vida.

Até que descobri a receita. Eu não teria mais minha manhã inteira para tomar café, malhar, ler e dormir bem como antes. Eu não poderia me comprometer com isso. Eu poderia me comprometer com o meu possível: cinco minutos. Eu iria ler por apenas cinco minutos ao dia.

Foi um suspiro assumir para mim mesma que a minha vida funcionaria de cinco em cinco minutos, de soneca em soneca. Eram cinco minutos em que eu poderia me olhar, tocar, ler, passar um creme, ver o mundo pelos meus olhos de novo. Eram cinco minutos que poderiam se tornar eternos se eu me entregasse e ajustasse a minha expectativa.

Eu não consegui acompanhar o ritmo da mudança da minha vida. Estava ocupada demais olhando nos olhos do meu filho e sendo quem ele precisava que eu fosse. Quando pude me ver, quando juntei forças para sair do bote salva-vidas e aceitar que ali seria meu lar, a minha realidade, foi como olhar meu reflexo nas ondas do mar: depois de meses me senti em casa, mesmo em outro endereço. Me vi além de mãe, me vi madura. Me vi nova e em paz com essa nova versão.

Quando a frustração apertar, lembre-se: talvez seja hora de atualizar e rever suas expectativas.

Encare o seu reflexo.

MATERNAR
É IR

além

(ou o que eu escolho ser agora)

UM NOVO RITMO: ALÉM DO BOM OU RUIM

Passamos a vida toda dividindo nossas fases e nossos momentos como bons e ruins. Eu me incluo nessa estatística. Acontece algo que nos surpreende conforme julgamos ser interessante para nós e colocamos o rótulo de que aquilo foi bom. Acontece algo que sai do script ou desperta em nós sensações desconfortáveis como raiva, repulsa, culpa, e colocamos o carimbo de que aquilo foi ruim.

Quando meu filho nasceu, precisei rever todos esses carimbos que me dei durante toda a minha vida. Eu passei a entender que precisava de tudo. Para tudo, absolutamente tudo, que acontece existe um porquê. E, se ainda não parece existir, eu preciso ser mais criativa para encontrá-lo. O propósito não é servido de bandeja, é para ser minimamente sentido.

Essa percepção ardeu no meu peito quando vi meu pequeno apressadinho em uma incubadora. Ele não estava no meu peito, não estava no meu colo, não estava na sua casa. Ele morava dentro de mim e de repente estava instalado em um lugar completamente desconhecido por ele e por mim. Aconteceu.

Dez meses depois eu olhava meu filho brincando para lá e para cá da sala e pensava em tudo isso. Em tudo que tínhamos vivido, em tudo que precisei redecorar na minha alma. Aprendi a abraçar todas as mulheres que estavam dentro de mim. Depois de dez meses, entendi que isso fez uma diferença não para sobreviver à maternidade como muitos pensam, mas para tornar o ser mãe saboroso para todo mundo.

Meu filho era — e é — minha vida, mas a minha vida não era mais só meu filho.

Acho que esse foi o grande divisor de águas para mim e para o meu maternar.

Eu existia. Eu precisava continuar existindo. Minha vida e meu tempo tinham mudado, claro, mas eu ainda fazia morada dentro de mim. Isso deu um novo ritmo à nossa vida, deu um novo tom.

Foi entendendo que a maternidade não se resume a lidar com choro, colo, cagadas que sobem às costas. A maternidade era uma parte — grande — da minha vida, mas não toda. Eu poderia e deveria pedir ajuda para não ter que remar constantemente contra a maré. Estava cansada de dar braçadas sozinha. Estava cansada de precisar ver tudo de forma tão isso ou aquilo. A maternidade eram todos os meus dias: dos mágicos ao puro caos, e, enquanto tudo isso acontecia, eu vivia. Eu tinha a missão de continuar sendo eu.

No marco dos nove para dez meses do meu filho, o auge da etapa que chamam de angústia da separação e da minha construção como mãe, senti tudo em mim amadurecer. Meus ossos, minha pele, meu coração. Ser mãe não era largar tudo, ser mãe não era abrir mão de tudo, ser mãe não era só cansaço. Ser mãe era o pacote todo de todos os momentos, de todos os carimbos que um dia eu já dera para cada situação, mas era, acima de tudo, ser. Ser maior.

Ser maior, ser expansão, ser ajuda, ser apoio e ser apoiada.

A sociedade não ajuda mães, é verdade. Mas nesse momento eu voltava à superfície para retomar meu fôlego mais uma vez. Eu subi até a margem desse mar revolto para olhar ao redor, boiar, olhar o céu até os olhos lacrimejarem e arderem. Eu subia à superfície pois sabia que durante toda a minha vida esperei esse momento chegar, ter meu filho nos meus braços e que toda a minha vida eu sonhei, eu me construí. E eu poderia olhar para tudo isso com compaixão e honra. Sem carimbos, sem ser uma mártir.

Eu olhava para tudo isso agora e agradecia. A vida entrava em um novo ritmo, não porque criar um filho fosse mais fácil depois dos três meses, mas porque eu conseguia expandir o meu olhar e a minha rede, sem me sentir menos mãe. Sem me sentir menos mulher.

Sou além do carimbo bom ou ruim.

Eu sou inteiramente um pouco de tudo.

UMA TELA EM BRANCO

É como venho me sentindo. E isso pode ser tão belo e tão aterrorizante... É (p)arte.

Me olho, vejo o mesmo traço, mas com a pele diferente. Me visto, buscando o conforto de sempre, mas em outras peças e com uma nova lógica. Escrevo, vejo a mesma pessoa apaixonada em desentulhar o que sente, mas com outras palavras em novos versos. Me conheço e às vezes não reconheço. Isso às vezes assusta e às vezes é como ganhar um presente.

Me tornei uma tela em branco.

Nela posso ser cheia, vazia, infinita. Mesmo tudo parecendo tão confuso que acredito que confuso nem seja a palavra certa para definir. Revolto.

Uma tela em branco não dá para saber onde começa ou onde termina. Meu filho me fez resgatar meu lado mais cru. Mais humano.

É profundo.

Posso pintar, posso deixar assim, posso usar cores novas, usar cores que sei que dão certo, posso fugir das que não gosto, ignorar as que enjoei e posso dar chance. Posso rasgar tudo e pegar de volta. Posso doar, ressignificar, recusar, cansar, apreciar. Posso pintar com qualquer forma, formato, maneira, jeito, matéria... posso não pintar — e é assim que me encontro agora.

Vivendo, muitas vezes sem saber por onde começar.

Resistindo, e isso pede energia à medida que também me energiza.

Existindo, buscando como apreciar a alma em obra.

Alma prima; que conheço tão bem e às vezes parece que nunca vi.

Tão igual, mas nem tanto.

Tão eu, mas tão qualquer outra coisa que ainda vou saber.

———

Me sinto (p)arte dessa zona. Não responsável, parte.

Inteiramente inacabada — e estar em obra hoje me soa aterrorizadamente interessante.

Hoje, uma tela em branco me cai bem.

UMA NOVA CONEXÃO

Parece que foi ontem. Lembro-me de como as pernas não cabiam mais no meu colo, como nos encaixávamos diferente, mas ainda éramos perfeitamente nós: um no outro e pelo outro.

A primeira vez que amamentei foi em uma cadeira de plástico daquelas de boteco, sentada na UTI neonatal com outras mães que estampavam o mesmo olhar confuso e maravilhado que o meu. Amamentar é uma mistura de encontros e desencontros.

Eu me lembro do frio na barriga para responder a cada vez que me perguntavam se tinha bastante leite, a insegurança para com o novo, a confiança, que eu não sei de onde tirava, mas eu me fiz jurar acreditar que eu e meu filho aprenderíamos aquilo juntos.

Minha jornada como fonte de alimento foi, como para toda mulher, um trabalho braçal, árduo e de entrega, mesmo com o privilégio de estar em casa disponível quando meu filho precisasse, e foi nesse momento que me vi não mais apenas minha.

Sempre fui tarada pela minha liberdade. Lutei muito para conquistá-la. Livre para ser, me vestir, me tornar, trabalhar, errar, bancar meus desejos e escolher quando, como, onde e por quê. Muitas dessas liberdades me foram privadas no momento em que vi o positivo no palito do teste da farmácia. Eu sabia, era nossa escolha como família seguir por esse caminho, mas não significava que não iria doer.

O peito rachado, o sangue, a reza para que o bebê não acordasse ao menos pela próxima hora não doíam tanto quanto sentir que tudo que eu lutei pela minha liberdade estava dissecando e indo pelo ralo. Pelo menos naquele instante, que, devido ao cansaço e ao isolamento, parecia ser eterno.

Não foram poucas as vezes em que chorei ao responder a um e-mail de trabalho, a uma mensagem de amiga ou me peguei calculando quanto tempo teria para tomar um simples banho. O choro se tornou minha válvula de liberdade para lembrar que era uma fase, para ele e para mim. Inclusive sobre seu principal alimento.

Começamos a introdução alimentar aos sete meses, pois esperamos meu filho ter todos os sinais de prontidão para que essa etapa fosse mais confortável para todos. Não tinha esperança de ele mamar menos, mas, nessa altura da nossa jornada de peito aberto, eu ansiava por descansar um pouco mais à noite.

Então, com oito meses e meio, Levi bem de saúde e com a alimentação bem estabelecida, eu hesitei em dizer para meu marido: talvez seja hora de começarmos o desmame noturno. Nessa noite dormimos todos por onze horas seguidas. Foi como tocar o céu. Levi tinha alguns lapsos de dias em que emendava os ciclos de sono, por isso não me iludi. Mas algo começou a acontecer com maior frequência. Nessa fase ele despertava uma ou duas vezes para mamar, mas por um período cada vez menor. Eram duas bicadas e ele já virava para o lado para dormir. Um dia eu fui até o quarto, me posicionei para colocar o peito para fora, apoiei minha mão em seu corpo e ele voltou a dormir. Estávamos começando uma nova fase.

Nessa hora, vibrei e enlouqueci. Sabia que, ao parar a amamentação noturna, poderia interferir na produção de leite (minha produção nunca foi das mais abundantes, mas nunca me permiti duvidar que era suficiente para meu filho), uma vez que os hormônios da madrugada aproveitam o corpo em repouso para produzir mais.

Algo no meu peito me dizia para aproveitar.

Dia após dia, o mundo ficou mais interessante para Levi. Ele queria engatinhar, apoiar, lamber, provar. Queria conhecer tudo e mamar menos. Muito menos. Como família, nossa meta era amamentar em livre demanda no primeiro ano, e o sonho era seguir até os dois anos. Por isso, como não tínhamos oferecido nada que causasse confusão de bico ou sucção, comecei a pensar que essa diminuição poderia ser resultado de uma dor de ouvido ou qualquer outra coisa.

Todo dia algo no meu peito me dizia para aproveitar, assim como em todas as outras fases até ali, mas essa seria diferente. Avassaladora.

Meu filho me procurava e queria meu colo mais do que nunca. Meu colo. Eu olhava cada dobrinha da sua pele e permitia que as lágrimas de alegria falassem por mim: eu que te enchi, eu que te enchi, eu que te enchi. Então, de duas mamadas por dia para uma por dia, uma a cada dois dias a uma por semana... Assim foi o seu caminho.

Eu fiquei perdida.

Mais uma vez, o plano saiu diferente do que tínhamos imaginado. Mais uma vez éramos surpreendidos positivamente pela condução que tomara. Afinal, que audácia fazermos tantos planos para alguém que ainda não vamos conhecer? É muita ousadia querer que tudo seja executado exatamente igual. Mas, mesmo assim, embora estivesse consciente e me sentindo em paz com nosso caminho até então, me vi perdida.

Chorei sozinha na cozinha por não saber o que fazer antes de dormir. Chorei à tarde, de saudade de tê-lo em meus braços e poder sentar para descansar um pouco. Chorei em êxtase quando olhei para o meu corpo e pude senti-lo de novo apenas meu. Chorei por não ter dado tempo de tirar uma foto de despedida. Chorei quando percebi que em um fechar de olhos eu estava chorando com um recém-nascido no colo e ao abrir os olhos tinha outro bebê e outra mulher ali. Um ano e um mês depois, eu olhava para nós de forma tão diferente e tão igual. Tão preenchidos de quem nos descobrimos ser.

Eu me lembro do frio na barriga de saber que mais uma fase tinha chegado ao fim. Chorei ao lembrar que outra fase começaria. Uma conexão nova e só nossa.

Um dia meu filho corria em minha direção, e eu podia sentir meu peito aberto. Ele me abraçava e eu podia sentir tudo em mim se expandir. Ele esfregava seu rosto na minha pele e eu sabia: eu sempre seria seu pouso.

Um no outro e pelo outro. Além do fim.

Algo no meu peito me diz todos os dias para aproveitar. Sent-ir. De peito aberto.

O MELHOR ANO DA MINHA VIDA

Um pouco antes de engravidar, eu estava em uma viagem com meu marido. Foi uma viagem a trabalho para um lugar que eu nunca nem imaginei que pisaria um dia. Estávamos vivendo dias de puro êxtase. Nessa viagem, um dia antes do meu aniversário de vinte e oito anos, eu estava sentada na areia olhando com meus próprios olhos para o Mar Morto.

Era incrivelmente denso e hipersalínico. Essa era a sua maneira de ser belo.

Para quem olhava de fora, parecia uma praia normal. Aos nossos olhos a água não tinha diferença alguma. Nada mesmo. Mas, quando você começa a se aproximar, sente. Sente uma brisa diferente. Sente tudo diferente. Eu sabia que a chance de pisar ali outra vez seria mínima e, então, suguei cada segundo. Aproveitei toda aquela densidade. Todo aquele sal.

Apesar de, olhando de fora, parecer uma praia comum, na entrada para o Mar Morto tem uma placa com algumas regras. Por ter uma altíssima concentração de sal, não é possível mergulhar nem deixar a água entrar nos olhos. Algumas pessoas podem se sentir um pouco moles e com a pressão baixa depois de um tempo dentro da água. Por isso é recomendado sair e tomar uma ducha de água doce para retirar todo o sal do corpo.

Nesse momento, por dentro, eu me imaginava pulando de cabeça. Estava tão incrédula e feliz por estar ali com meu melhor amigo e o grande amor da minha vida que o que fazia mais sentido era ir... com tudo. Por fora, na realidade, coloquei um pé de cada vez. A sensação era diferente. Com os pés imersos, eu sentia a água batendo nas minhas canelas, me abaixei e molhei meu antebraço. Queria ver meu corpo sendo banhado ali. Era suave, uma delícia, mas ardia. Era como se fosse o retrogosto do sal, em contato com algumas microferidas que eu tinha na pele e nem sabia, provocando uma ardência semelhante a cortes de papel. Dentro da água salgada, cada poro da pele reaprendia a respirar e lutava para entender aquela densidade nova e salgada. Supersalgada. Uma dose absurda de sal realçava toda a história que meu corpo carrega.

Fui em direção ao mais fundo. Caminhando um passo por vez. A água era quente. À medida que eu estava dentro dela, não sentia mais a ardência no corpo. Sentia o empuxo. Sem fazer força, sem ao menos querer, eu percebia que meu quadril se erguia e buscava maneiras de se equilibrar naquela nova composição da água. Meu corpo aproveitava o descanso, enquanto eu mantinha a força para alcançar os pés no chão.

Não queria ceder. Eu queria estar ali. Queria notar até onde a força que me cercava me levaria.

Continuei caminhando até que meus pés já não tocavam o chão. Senti na ponta do dedão do pé a última migalha de areia esbarrar, e agora tudo em mim flutuava. Boiava.

Estava exposta.

Tudo em meu corpo estava fora do meu alcance. Era bom. Uma sensação deliciosa de estar em mim mas confortável o bastante com a força das águas desconhecidas ao meu redor. Nossa força se potencializava. Estava ali sendo contornada pela água, pelo sal, pelos meus microcortes e ralados da pele. Meu corpo se espreguiçava sem saber onde estava.

Saí da água e o sol secava a minha pele e todo o sal que estava nela. Pude ver pedaços grandes de sal. Estava coberta por uma camada branca que não era minha, mas que me carregou enquanto estava ali. Fomos um time, uma equação funcional.

Molhei o corpo com água doce, sentei-me na areia novamente e fechei os olhos. Ali, antes de completar vinte e oito anos, eu fiz uma espécie de oração. Não sabia com quem conversava, não sabia direito o que dizer, não tinha as melhores palavras e sequer tinha a intenção de ser ouvida. Eu queria dizer. Queria dizer que a vida estava boa, não porque estava ali, mas porque sabia me sentir viva na minha casa, esfregando o chão com água sanitária, e sabia estar feliz. Eu era grata por estar viva. E... nesse momento, minha voz imaginária falhou um pouco para dizer que, se fosse o momento, se fosse a hora, se fosse o que quer que tivesse que ser para me dar um sinal de que era chegada a hora, eu queria ter um filho.

Abri os olhos por alguns instantes. Vi o mar indo e vindo suave, tão suave que parecia inofensivo, mas ainda assim movia o corpo de todos dentro dele. Um filme sensorial passou pela minha cabeça, e eu retomei minha oração.

Eu quero ser mãe. Eu quero o incerto. Eu quero entrar no desconhecido. Quero parar de querer prever como as coisas vão funcionar, como a vida vai rolar e como vou conciliar tudo. Quero deixar o peso do meu corpo agir, quero sentir a força do que é incontrolável. Quero boiar. Estou pronta para me acontecer mãe. Abri os olhos enquanto uma lágrima escorria e entrava na minha boca. Diferentemente das águas desconhecidas onde entrei, era doce. Doce como meu sonho. Um mês e pouco depois dessa viagem, eu segurava um teste de farmácia com um positivo nas mãos. Tudo ao meu redor se movimentava, era como estar novamente naquelas águas: eu não conhecia nada, não sabia de nada, eu estava feliz e fui passo por passo, dosando meu peso, entregando meu corpo e confiando minha alma. A mim mesma. Eu me encantei ao ver a vida se expandindo, eu permiti que a vida se expandisse dentro e fora de mim.

Um ano depois, eu entendo coisas que pensei que não entenderia, eu tomo decisões que pensei que não doeriam tanto, eu vivo diariamente um presente que imaginei que nunca conseguiria descrever com tamanha magia.

_____

Hoje, um ano depois, meu filho não faz mais mil sonecas durante o dia, não faz cocôs explosivos como um caldo de feijão, não golfa nas minhas roupas e não está o dia todo no meu colo. Um ano depois, meu filho não para quieto um segundo, um segundo mesmo, no mesmo lugar. Impossível. Já não quer saber só do meu peito, não olha para o móbile por meia hora suficiente para passar um café com calma e agora preciso cozinhar, driblando meus pés das panelas que ele esparrama pelo chão da cozinha.

Um ano depois, meu filho já é um outro ser humano, só que é o mesmo. Com toda a nossa história, nossa vida emaranhada e escrita. Bordada. Bordamos cada momento com afeto, puxamos e retiramos a linha tantas vezes para fazer a nossa própria obra de arte.

Um ano depois, meu filho e eu somos diferentes. Somos outros. Somos os mesmos, só que marcados por um amor e um amadurecimento que só uma força densa pode mexer e remexer na gente.

Um ano depois, com meu filho, eu ressignifiquei o que é ser mãe. Hoje nos vejo, e me lembro da minha prece. Lembro-me do meu genuíno desejo, do meu coração entregue em cada palavra, do meu frio na barriga, do medo de querer pular tanto de cabeça a ponto de não conseguir mais ser eu junto a ser mãe.

E foi assim por muitos dias. Me lancei tão fundo, mesmo sabendo que poderia fazer arder profundamente meus olhos. Voltava à superfície, me reencontrava, ia mais fundo. Aprendi a ser inteira dentro dos meus próprios limites. Aprendi a me expandir sem precisar ser desrespeitosa com o meu descanso. Aprendi que amar demais não é para ser um sacrifício. Amar é ser e estar, em harmonia. Não devo me tirar dessa equação. Eu mereço ser e estar para viver junto todo esse amor, pois o amor constrói.

Eu fiz e me refiz inúmeras vezes. Me olhei profundamente com os olhos do meu coração por muitos dias. Alinhei o fluxo de dentro para fora e, hoje, não me deixo mais tanto pelo caminho. Hoje, um ano depois, sei que vivi o melhor e mais louco ano da minha vida, ao lado do meu filho.

São 365 dias que me fiz mãe e ele, filho. Somos um time possível e imperfeito. Por isso, somos um time e tanto. O amor venceu a culpa, o medo, as infinitas amarras da cartilha perfeita e completamente impossível que a sociedade cobra e empurra goela abaixo das mães.

Hoje, conheci um novo amor. O amor pelo que desconheço, pois sei que amanhã o amarei infinitamente mais do que posso ver com meus próprios olhos hoje. Amanhã vou construir um novo amor por mim e pelo dia, por causa da vida dele. E eu desejo que a vida seja sempre assim. Essa (re)descoberta densa e única. Essa é a minha nova prece.

Foram 365 dias em que aprendi a nadar, mergulhar, boiar e flutuar. Aprendi a acreditar na densidade e na força do meu empuxo.

É isso que o amor faz. É a força que age em amares desconhecidos. Vai a-mar.

E O CASAMENTO, COMO ESTÁ?

"E o casamento, como está?" foi uma das perguntas mais frequentes que recebi depois que meu filho nasceu e depois que meu marido e eu renascemos. Preocupação que nunca passou pela cabeça desde que descobrimos que nossa família iria de fato aumentar.

Desde que nos conhecemos, Fábio e eu, fazemos a vida um do outro funcionar melhor. Somos uma boa dupla. Somamos nossas forças e oferecemos suporte para cada possível fraqueza. Sempre fomos bons amigos, cúmplices de cada medo, sonhos e ideias estranhas. Quando passamos a dividir a vida em um único espaço, não demorou muito para também começarmos a cogitar dividir nosso trabalho. "Somos mais fortes juntos" não é só uma frase bonita. Ela faz sentido para nós.

Nunca parei para pensar como ficaria nosso relacionamento depois de um filho. Hoje acho isso quase um absurdo, mas também tem um quê de voto de confiança. As novidades, os perrengues e as delícias da vida nunca me assustaram quando se trata de nós dois, pois sempre fomos muito sinceros com nossas perspectivas e nossas expectativas. Eu sempre soube aonde Fábio quer ir e o que espera pelo caminho, ele sempre soube o mesmo sobre mim, e sempre nos mantemos atualizados durante o percurso. Não era um voto, a confiança se consolidara.

Fábio sempre quis ser pai, não só ter um filho. Ele sempre quis fazer parte de toda a função e, desde o início, buscou formas de acolher as imensas mudanças que a minha vida passaria a ter e a dele, não. Isso vai além de dizer que sua parceira está radiante e com um "brilho" de grávida ou de que logo teremos um pacotinho para mimar — o que é verdade, mas esse pacotinho também mexerá muito com a vida. É sobre se informar a respeito de amamentação, é se responsabilizar por organizar como ficará a rotina da casa, é zelar pelos sonhos daquela mulher, ainda que ela diga em um primeiro momento que está tudo bem jogar tudo para o alto.

Poucos homens estão dispostos a ter sua vida revirada. Essa é a verdade. Poucos homens, ainda que a sociedade não faça cobranças a respeito disso, estão dispostos a ser pais e a permanecer sendo maridos em meio a um puerpério. Homens voltam à sua vida sem medo, sem receberem o peso da culpa, sem carga mental. Poucos homens querem atravessar lado a lado esse desconhecido.

Nós atravessamos.

Um dia, quando me perguntaram como estava o casamento, fiquei tão atônita, com tanta coisa passando pela minha cabeça, que simplesmente respondi que nosso casamento estava. Pareceu-me algo confuso, uma resposta insossa e vítima da privação de sono, mas era uma verdade.

Nosso casamento está. Nosso casamento é.

Nosso casamento é nossa alegria, delícia, prazer. Nosso casamento é também medos, dúvidas, respostas cansadas e desdobramentos dos nossos dias. Nosso casamento são as noites de jantar, velas e amor sem hora para acabar, e são as madrugadas eternas nos revezando para atender às necessidades do nosso filho, nosso grande sonho.

Ainda assim, o nosso casamento estava passando por uma imensa transformação, das muitas que já havíamos passado entre reformas, problemas financeiros, sonhos cancelados e grandes conquistas. No decorrer desse primeiro ano como pais, precisamos nos atualizar constantemente um do outro: com o que sentimos, o que pensamos, acreditamos e como podemos fazer funcionar. Vi o meu marido com outros olhos infinitas vezes, me vi infinitas vezes com outros olhos também. Esse era o momento em que toda a cumplicidade que construímos ao longo dos anos se fez ainda mais necessária. Assim, quando as madrugadas intensas pesavam ou as prioridades eram redimensionadas, mesmo com o freio de mão puxado para nós, nossa base estava ali, disponível, mesmo à espera de a poeira baixar. Nosso casamento está para todos esses dias, pois nós estamos um para o outro disponíveis em todos esses dias.

Somos dois adultos. Dois adultos que sabiam que esse primeiro ano seria uma dedicação e uma adaptação nova na casa, trabalho, sexo, tempo, tudo. Tivemos momentos em que o colo do outro nos salvou e outros em que só nós poderíamos ser o colo de que precisávamos. Momentos em que, mesmo dividindo o dia em horários para que cada um tivesse sua vida, seu trabalho e seu descanso, isso não seria suficiente. Momentos em que tudo estava acumulado e parecia que estávamos vivendo em uma corda bamba, rebolando para lá e para cá para não cair do equilíbrio que lutamos tantos anos para construir.

Assim como na nossa vida, no nosso casamento algumas partes morreram para renascer. Mas outras partes também ressuscitaram à medida que os meses iam passando. Nosso casamento desenvolveu um rebolado novo. Um jogo de cintura mais sólido e mais flexível. Um tesão novo, uma gratidão mais revigorada, uma parceria inabalável. E, mesmo depois de tanto tempo juntos, nosso filho nos fez sentir o sabor do que é se apaixonar de novo, de novo e de novo por uma nova pessoa.

Isso eu nunca poderia imaginar viver depois de dez anos ao lado de alguém. Isso é além do que sonhei.

O casamento está, pois o amor é.

APROVEITE TUDO

Quando o choro cava um buraco na alma e as lágrimas escorrem pelo chuveiro, eu repito: aproveita, vai passar.

Quando o sono bate e atropela o corpo, eu repito: aproveita, esse dia nunca mais volta.

Quando o peito cansa, sangra, racha, escorre e logo vem outra mamada, eu falo: aproveita, teu corpo o nutre física e emocionalmente.

Quando vem o medo de nunca mais ter tempo para mim, repito: um dia ele vai voar sozinho e não precisará mais tanto assim de você.

Quando a alma está em cacos pela culpa de não ser a mãe que eu imaginei ser, eu repito: aquela mãe não tinha filho, você tem. Você é a melhor mãe todos os dias.

Quando vem a saudade da vida mais silenciosa, com menos carga mental e sem tantos detalhes da rotina, eu repito: o tempo voa, aproveita. Em breve, e muito em breve mesmo, seu filho calçará sapato tamanho 22.

Quando a lombar cansa de ser colo em livre demanda, eu repito: o que construímos juntos o faz saber que é aqui, em mim, que ele sempre terá reservado um lugar especial no mundo. Mesmo não cabendo no meu peito como antes, ainda que não fique por horas, são segundos... minutos... os mais especiais que já vivi.

Então, aproveite tudo.

Aproveita! E eu não digo para invalidar o chorar, evitar o sentir e mascarar a realidade... Eu digo para lembrar meu coração do que importa, do que meu coração busca, do que almejo. Aproveita, a maternidade que você sonhou hoje é maior. Hoje é realidade.

Então, eu digo em voz alta: aproveita para não deixar o cansaço falar mais alto do que meu imenso coração que busca criar um ser mais humano.

Aproveita... Passa rápido. Não é clichê, é a verdade. Aproveita.

É bem diferente do sonho porque é realidade. Então, aproveita. Essa é a hora de ser o que um dia o seu coração sonhou ser. Um dia você vai querer voltar a estar onde está.

Enquanto há vida no agora, aproveita.

A MATERNIDADE REAL É A SUA

Minha avó era uma doceira de mão cheia. A maior recordação que tenho dela é dos momentos em que ela virava o bolo da fôrma na mesa da sua cozinha. Os móveis dela eram baixos, de cor marrom e feitos de um material leve que eu não sei dizer qual é. Todas as cozinhas daquela época eram assim. Ver o meu avô, alto e de ombros largos, pegando um copo no armário era cômico. A cozinha parecia de boneca, mas harmonizava perfeitamente com o tamanho miúdo da minha avó.

Lembro-me de um dia em que estava passando a tarde com ela. A TV vivia ligada, mais para ter um barulho na casa do que para de fato assistirmos a alguma coisa. Eu não levava brinquedos: a diversão era interagir com a casa e com a vida que não era a minha e não via todos os dias. Do sofá da sala, eu assistia à minha avó quebrando ovos. Eram vários, então era possível quase decorar o barulho das cascas se quebrando e cobrindo toda a bancada da pia.

Depois de bater os ovos e acrescentar açúcar e limão, minha avó pegava a vasilha e me mostrava. Ela estava orgulhosa dos picos que aquela mistura de poucos ingredientes tinha formado. Uma montanha açucarada.

À tarde era possível sentir o cheio doce pela casa. Minha avó vestia sua luva, abria o forno quente e pegava a primeira fornada. Ela olhava bem e suspirava. Orgulhosa, ela sempre pegava o primeiro e me pedia para estender a mão. O doce parecia uma nuvem, leve e frágil. Então, eu não me preocupava com força. Mas a minha vó enxergava com os olhos de um coração dedicado, por isso ao esticar meus dedos em sua direção, ela apoiava sua mão embaixo da minha. Indicando as instruções: é preciso uma mão firme o suficiente para apoiar, mas com cuidado para não apertar demais. No chão ou com peso nas mãos, o doce poderia quebrar. Era firme, mas também sensível.

Minha avó então puxava o ar pra dentro dos pulmões e, como quem confia sua receita de sucesso, soltava o ar enquanto depositava o doce na palma da minha mão. Era um suspiro.

Eu me lembro de ter ficado tão impressionada com o resultado que demorei para comer. Olhava como a casca era perfeita, a base era sólida e não deixava quebrar a ponta. Parecia uma amostra de céu com nuvens, mas era forte. E eu o segurava com carinho, como a minha avó pediu.

———

Hoje, um ano depois de ser mãe, me lembro das instruções da minha avó. A maternidade é um suspiro.

Em algumas fases eu segurei forte demais. Tão forte que permiti que partes fossem quebradas. Partes importantes de mim, da rotina, do casamento, dos meus afetos, da culpa. Partes cuja força eu ainda estava aprendendo a equilibrar. Outras vezes deixei minha palma da mão tão leve que pude ver minhas emoções escapando e derretendo por entre os dedos.

>>> *Hoje sei que dá para fazer um bom merengue com tudo que ficou em pedaços. Hoje enxergo equilíbrio na leveza necessária para também deixar ir.*

Na maternidade tudo pode ser reinventado, recomeçado, remodelado. Pois estamos em constante fluxo.
Maternar é (r)evolução.

———

Um ano depois, sei que é preciso delicadeza, força e apoio. É uma mistura de poucos ingredientes, mas não porque a receita é simples, a maternidade é cheia de situações desafiadoras e por detalhes desconhecidos que vão muito além do que sonhei. Provavelmente, muito além do que você também sonhou ou sonha.

Por isso, é impossível falar sobre uma maternidade real. Existem várias, existem tantas, existe o todo. Essa é parte da minha. É um pedaço que consegui colocar em palavras. É o que marcou minha memória, minha carne e meus ossos. É o que levo tatuado no peito e só compartilho para corações abertos a conhecer outros seres que são humanos. Mães humanas. Acredito que você seja uma. Então confio. Ser mãe é voltar a acreditar. É ter fé no futuro, no ser e no humano. Mais em mulheres, em mães.

Ser mãe é sobre ser surpreendida constantemente. É se permitir, é desvendar, é sentir no peito o medo e deixar a coragem queimar para arder muito mais. Não é sobre tudo, não é sobre nada, não é só perder, não é só ganhar, não são só lágrimas e não são só gargalhadas gostosas. É se dispor a criar o seu próprio manual para sobreviver e viver os sonhos que estavam adormecidos esperando o momento de renascer.

Ser mãe é uma mistura, é um equilíbrio constante. Cada uma aprende como dosar sua força, ser apoio e leveza. É um suspiro. E assim permito-me sentir em cada poro da pele e na ponta dos dedos. Amo sem medo, choro sem medo, sinto o medo sem medo. Sei que tudo passa. Não só passa como se eterniza em mim.

Ser mãe é muito além do que sonhei. É real demais para sonhar, é sonho demais para parecer verdade.

———

Acabo de escutar meu filho me chamando... Sua voz é meu radar. Ele vem em minha direção, me abraça forte, mas não me aperta, repousa sua cabeça no meu peito, com a certeza de que é aqui que recupera seu ponto de equilíbrio. Eu ofereço o apoio e passo com leveza meu nariz em seus cabelos. São segundos que poderiam ser eternos, mas eu aproveito cada milésimo — sei que passa. E a felicidade tem dessas coisas. São picos firmes, sólidos e pontuais. Ele chora querendo viver o mundo e me convida para apresentá-lo. Ele me convida para treinar meu olhar e tornar tudo, absolutamente qualquer coisa, mais interessante. E para ele é. Ele tem outro olhar, e eu busco me aproximar da forma como ele vê. Sou sua maior fã. Sou fã do caminho que construí para trilharmos juntos, do nosso jeito, no nosso ritmo, nossas imperfeições, com o melhor que pudemos.

Ele é meu confidente. Só nós dois sabemos tudo que vivemos, extraímos e doamos um ao outro.

Meu filho é meu passado, meu futuro e sempre será meu presente. Olho para ele e suspiro.

Não é um sonho. Ele é além de tudo.

Ainda que em alguns dias eu duvide um pouco disso, me lembro da voz da mãe de quem tive a honra de ser filha me dizendo: "Você só vai saber fazendo. Faça".

Suas palavras me lembram de suspirar.

Eu sou mulher e sou a mãe de quem sempre sonhei.

Doso minha força, ofereço apoio e busco leveza.

Suspiro... com amor.

Este livro foi publicado em abril de 2022 pela Editora Nacional.
Impressão e acabamento pela Gráfica Corprint.